Italienische Küche

zwischen Palermo & Neapel

David Ruggerio

Fotos von Maura McEvoy

Originalausgabe © 2000: Artisan,
ein Imprint von Workman Publishing, Inc.
708 Broadway, New York, New York 10003

Text © 2000 David Ruggerio
Fotos © 2000 Maura McEvoy
Fotos von David Ruggerio © 1998 Melanie Acevedo
Die Familienfotos sind Eigentum der Familie Ruggerio
Karten © 2000 Narda Lebo

Grafische Gestaltung: Alexandra Maldonado

Originaltitel: David Ruggerio's Italian Kitchen

© 2000 für die deutsche Ausgabe:
Könemann Verlagsgesellschaft mbH
Bonner Straße 126, D-50968 Köln

Übersetzung aus dem Englischen: Wolfgang Beuchelt,
Franca Fritz und Heiner Koop
Redaktion der deutschen Ausgabe:
Mina Langheinrich und Olaf Rappold (red.sign, Stuttgart)
Satz: red.sign, Stuttgart

Projektkoordination: Ulrich Ritter
Herstellung: Ursula Schümer

Druck und Bindung: Neue Stalling, Oldenburg
Printed in Germany

ISBN 3-8290-5926-4

10 9 8 7 6 5 4 3 2 1

Für meine Söhne Anthony und Paul,
meinen Lebensinhalt

Inhalt

abweisend und verschlossen. Während Neapel einem wie ein Feuer entgegenschlägt, ähnelt Sizilien dem geheimnisvollen Rauschen in der Tiefe des Meeres. Von Neapel wird man entdeckt, Sizilien muss man selbst entdecken.

Wie Sie sehen werden, ist jedes Kapitel in einen neapolitanischen und einen sizilianischen Abschnitt unterteilt. Ich wollte eine ausgewogene Mischung erreichen – sowohl in der Anzahl und Art der vorgestellten Rezepte als auch in den Fotografien, Anmerkungen und Geschichten.

Neapel *Meine Leidenschaft*

Als Kind und Jugendlicher war für mich Neapel meine Heimat, denn ich bin in einem neapolitanischen Haushalt aufgewachsen. Zwar bin ich vom Verstand her Sizilianer, doch es ist meine neapolitanische Seite, aus der ich meine Lebensfreude und meine Begeisterung für das Kochen beziehe. Die Neapolitaner sind lebenslustige Menschen, die ihre Musik, ihre Familien, ihre Kultur und vor allem ihre Küche leidenschaftlich lieben. Unter diesen Gesichtspunkten ist die Familie meiner Mutter typisch neapolitanisch.

Wenn unsere Familie jemanden zum Hafen brachte oder von dort abholte, lag immer ein Schiff nach oder aus Neapel am Kai. Wenn wir nach Italien fuhren, war Neapel die erste Station. Wir wohnten bei Freunden und Verwandten und manchmal auch in Hotels. Meistens besuchten wir auch Verwandte oben in den Bergen, doch am liebsten blieben wir in der Bucht von Neapel, denn dort war immer was los.

In Neapel war man munter und vergnügt, während mir Sizilien ernsthaft und unergründlich erschien. Mit Neapel verbinde ich unbeschwerte Kindertage, während Sizilien sich mir erst später erschloss. Natürlich ist Sizilien ein wunderbarer Ort, wo man – wie auch im übrigen Italien – herrliche Ausflüge unternehmen und in der Schönheit der Natur schwelgen kann. Auch die Kulturschätze Siziliens sind beeindruckend. Doch erst wenn man längere Zeit dort verbringt und die Menschen kennen lernt, bekommt man einen Einblick in die reiche Kultur der Insel. Palermo wirkt auf den ersten Blick wie jede andere entsprechend große Stadt in Italien, nur dass es hier etwas heißer ist und es ein paar Palmen mehr gibt. Aber mit der Zeit offenbart sich ihr sizilianischer Charakter mehr und mehr.

So unterschiedlich wie die Regionen sind auch ihre Kochtraditionen. Die neapolitanische Küche ist farbenfroh, leicht zugänglich; die Grundzutaten und ihre Kombinationen leuchten sofort ein. Die sizilianische Küche ist weniger bunt, dafür aber komplexer, vielschichtiger. Sie besitzt »exotische« Zutaten, die die Rezepte interessanter und spannender machen.

Wenn ich sage, wir stammen aus Neapel, ist das eigentlich eine unzulässige Vereinfachung. Die Familie meiner Großmutter mütterlicherseits kommt aus Sant'Angelo dei Lombardi, einer Stadt 50 Meilen östlich von Neapel, hinter Avellino in den Bergen von Irpinia. Der Vater meiner Mutter stammt aus Avellino selbst. Allerdings reicht der kulturelle Einfluss Neapels weit über die Stadtgrenzen hinaus.

Wie bei unserem Volk nicht ungewöhnlich, hatte auch die Familie meiner Mutter ihren Teil an Tragödien zu verkraften. Es begann mit meinem Urgroßvater Allesandro, der einem mitternächtlichen Rendezvous zwischen einem Monsignore und einem 17-jährigen Mädchen aus dem Dorf entsprang. Gleich nach der Geburt kam er ins Waisenhaus von Avellino. Später wurde er von einer Familie namens Lazzarino adoptiert. Er wuchs auf, heiratete und wurde Vater von elf Kindern, deren jüngstes mein Großvater Leonard war. Als Leonard noch sehr jung war, wurde sein Vater im Streit von seinem eigenen Stiefbruder getötet, und meine Urgroßmutter Concetta musste die Kinder alleine aufziehen. Wer wollte schon eine Witwe mit elf Kindern heiraten? Irgendwie aber schaffte sie es mit einer Beharrlichkeit und einem Humor, die bei denen, die sie kannten, zur Legende wurden.

Wie alle Frauen Avellinos war meine Urgroßmutter eine fantastische Köchin. Sie war zwar sparsam beim Einkaufen, doch verschwenderisch, was die Mengen, die sie auftischte, betrifft (bei so vielen Kindern wird es wohl zur Gewohnheit).

Mein erster Vorfahr, der in die Neue Welt kam, war mein Urgroßvater Giuseppe Pesce, genannt Andrea. Wir haben noch seine Einreisepapiere, in New York ausgestellt, wo er am 3. April 1907 mit dem deutschen Dampfer *Friedrich der Große* eintraf. Andrea stammte aus Sant'Angelo und heiratete ein Mädchen aus seiner Heimat, Antoinette Claro. Antoinette war eine kräftige junge Dame, die keine Mühe hatte, 50 Pfund schwere Säcke mit Schweineschmalz aus dem Fleischerladen über die Straße zu wuchten und die einmal sogar einen Busfahrer mit einer Rolle Münzen k. o. schlug, weil dieser sie beleidigt hatte. (Mein Urgroßvater kaufte ihr daraufhin ein Fahrrad, damit sie nicht mehr mit dem Bus zur Arbeit fahren musste.)

Antoinette und Andrea hatten drei Kinder: Pasquale (Onkel Pat oder Patsy), Michael und Mary, meine Großmutter, die mich aufzog. Meine Großmutter heiratete Leonard Lazzarino, einen jungen Gentleman aus Avellino. Sie ließen sich alle in Brooklyn nieder, gaben aber nie ihre neapolitanische Kultur auf. Ich selbst habe zwar während meiner Ausbildung in Amerika und Frankreich alles über die französische Kochkunst gelernt, kann und werde aber nie meine Wurzeln in Brooklyn und Italien vergessen. Und so wünsche ich es mir auch für meine Söhne Anthony und Paul: dass sie die Welt kennen lernen, aber immer wieder nach Hause zurückfinden.

Meine Mutter Constance starb, als ich noch jung war. Sie war eines der drei Kinder der Lazzarinos und heiratete Richard Ruggerio von einer fernen Insel ... Sie ahnen es sicher schon: Sizilien.

Sizilien *Mein Herz und meine Seele*

Meine Liebe zu Sizilien ist schwer in Worte zu kleiden. Es ist mein Herz, und es ist meine Seele; es formt meinen Charakter. Sizilien ist das Italien von vor 50 Jahren, voll von Folklore und Traditionen, und hält an vielen seiner alten Bräuche fest, die auf uns manchmal sehr streng wirken. Es mag zwar den Anstrich der Moderne tragen, aber unter der Oberfläche wird seine Kultur von den alten Traditionen bestimmt.

antipasti

*Meine Urgroßeltern
Antoinette und
Andrea Pesce.*

Die Italiener lieben Mahlzeiten mit mehreren Gängen. Sie beginnen mit einer Vorspeise, gefolgt von Pasta, Hauptgericht, Beilagen, eventuell einem Salat, Obst und/oder Nachspeisen, zu denen Kaffee serviert wird. Das mag wie eine furchtbare Völlerei klingen, ist es aber gar nicht. Warum? Weil die Italiener nicht zu viel von allem auf den Tisch bringen.

Wenn Sie ein besonderes Festmahl bereiten wollen, stellen Sie ein *antipasto misto* aus fünf bis zehn verschiedenen Vorspeisen zusammen. Mit etwas Phantasie und Planung (und natürlich den Rezepten dieses Kapitels) können Sie Ihre Gäste beeindrucken.

Fast jedes Restaurant der italienischen Halbinsel bietet ein *antipasto misto* mit regionalen Spezialitäten und besonderen Kreationen des Kochs an. Auch wenn sich Neapolitaner und Sizilianer in Sachen *antipasti* im Großen und Ganzen einig sind, gibt es doch Unterschiede bei den Zutaten. Als Erstes fällt in Sizilien der Einfluss anderer mediterraner Küchen, insbesondere der nordafrikanischen und der griechischen auf. Bei den *antipasti* kann man als Koch besonders kreativ sein, was auch die vielfältigen fremden Einflüsse erklärt. *Antipasti* können den Auftakt eines Festmahls oder auch ein ganzes Party-Buffet bilden.

Cavolo Ripieno

Wirsingrouladen mit Schweinefleisch
und Pinienkernen

Die Italiener sind ehrliche, hart arbeitende Menschen. Wenn es ums Geldverdienen geht, sagt man ihnen – im Großen und Ganzen ungerechterweise – eine gewisse Kreativität und Verschlagenheit nach. Wie in vielen großen Familien fand sich allerdings auch in meiner ein schwarzes Schaf, für das wir uns immer wieder Ausreden einfallen lassen mussten. Das war mein Onkel Tony. Ich erinnere mich, dass wir als Kinder gelegentlich lange Strecken mit dem Auto fuhren, um ihn zu besuchen. Als er wegging und wir unsere Tante nach ihm fragten, antwortete sie stets in ihrem mangelhaften Englisch: »Er ist im College.« Onkel Tony war eine schrecklich lange Zeit »im College«. Er bekam immer köstliche Verpflegungspakete dorthin geschickt, zu deren Inhalt auch dieses Gericht gehörte.

Hinweis: Der Wirsing ist die Kohlsorte mit dem zartesten Geschmack, weshalb ihn Köche auch bevorzugen. Achten Sie beim Kauf auf ein im Vergleich zur Größe hohes Gewicht und frisch aussehende äußere Blätter.

Pancetta ist ein italienischer Speck, der gepökelt, aber nicht geräuchert wird. Als Ersatz kann man auch gewöhnlichen Speck nehmen.

1 Wirsingkohl

50 g Pancetta, klein gewürfelt

1 mittelgroße weiße Zwiebel, geschält und fein gehackt

100 g Pinienkerne, im Ofen leicht geröstet und gehackt

1 EL frische glatte Petersilie, gehackt

1 TL frischer Salbei, gehackt

250 g Gehacktes vom Schwein

250 ml Hühnerbrühe (Seite 216)

100 g frisch geriebener Parmesan

Den Backofen auf 190 °C vorheizen.

Die großen, äußeren Blätter des Wirsings vorsichtig abtrennen (Sie brauchen etwa 16 Blätter) und ca. 2 Minuten in sprudelnd kochendem Salzwasser blanchieren. Unter kaltem Wasser abschrecken und zum Abtropfen auf die Seite stellen. Die Blätter nicht zu lange kochen, da sie sonst zusammenfallen.

Den Strunk des Wirsings herausschneiden und den Rest mittelfein würfeln. Pancetta 2–3 Minuten unter Rühren bei mittlerer Hitze in einer Kasserolle anbraten, dann Zwiebel und gewürfelten Kohl zugeben und 5 Minuten dünsten. In eine Schüssel umfüllen und Pinienkerne und Kräuter unterheben. Hackfleisch in derselben Kasserolle 3–4 Minuten unter Rühren leicht bräunen. Überschüssiges Fett abgießen. Fleisch in die Schüssel geben und gründlich mit den übrigen Zutaten mischen.

Die blanchierten Wirsingblätter auf die Arbeitsfläche legen und jeweils etwa 1 ½ Teelöffel der Füllung in die Mitte geben. Die Blätter zusammenrollen und dicht nebeneinander in eine gefettete ofenfeste Form legen. Die Rouladen mit der Brühe übergießen, mit Parmesan bestreuen und etwa 25 Minuten backen, bis der Käse bräunt. Sofort servieren.

Für 8 Personen

Crostata di Carciofi e Funghi

Artischocken-Champignon-Tarte

Artischocken und Champignons besitzen beide einen ganz eigenen, köstlich erdigen Geschmack und passen auch hervorragend zusammen. Hier ein Rezept, das diese Kombination gut zur Geltung bringt. Das Großartige an dieser Art Tarte ist, dass sie sowohl heiß als auch kalt schmeckt und als Snack, leichtes Mittagessen oder Vorspeise serviert werden kann.

Für den Teig

450 g gesiebtes Mehl

10 EL weiche Butter

1 Prise Salz

4 EL Eiswasser

Für die Füllung

4 mittelgroße Artischocken

3 ½ EL Olivenöl *(extra vergine)*

Salz und frisch gemahlener schwarzer Pfeffer

2 EL trockener Weißwein

2 EL Hühnerbrühe (Seite 216) oder Wasser

1 EL Butter

225 g Champignons, geputzt und in Scheiben geschnitten

55 g Pancetta, in 5 mm große Würfel geschnitten

2 Eier

125 g Crème fraîche

125 ml Milch

100 g Caciocavallo, geraspelt (kann durch Mozzarella ersetzt werden)

TEIG: Mehl, Butter, Salz und Wasser in einer Schüssel rasch zu einem Teig rühren – nicht zu stark oder zu lang schlagen. In Frischhaltefolie hüllen und mindestens 30 Minuten in den Kühlschrank legen.

FÜLLUNG: Die Artischocken von den holzigen äußeren Blättern befreien, der Länge nach halbieren und das Heu der Blüte entfernen. Längs in 5 mm dicke Scheiben schneiden.

2 Esslöffel Olivenöl bei mittlerer Hitze in einer Kasserolle erhitzen. Artischockenscheiben unter Wenden anbraten und auf beiden Seiten leicht bräunen. Mit etwas Salz und Pfeffer abschmecken, dann mit dem Wein und der Brühe ablöschen. Die Flüssigkeit einkochen lassen, die Scheiben aus dem Topf nehmen und zur Seite stellen.

Butter und restliches Olivenöl in den Topf geben und Champignons bei starker Hitze anbraten, bis sie leicht gebräunt sind. Mit Salz und Pfeffer abschmecken. Die Champignons aus dem Topf nehmen und beiseite stellen. Pancetta anbräunen, abtropfen lassen und ebenfalls auf die Seite stellen. Eier, Crème fraîche und Milch in eine Schüssel geben, mit Salz und Pfeffer abschmecken und gründlich verschlagen.

Den Backofen auf 220 °C vorheizen.

Den Teig zu einem ca. 1 cm dicken Kreis mit 35–40 cm Durchmesser ausrollen. Eine 23 cm große Springform leicht buttern und vollständig mit dem Teig auslegen. Überschüssigen Teig am Formrand abschneiden. Artischocken, Champignons, Pancetta und Käse in die Form geben und mit der Eimischung übergießen. Etwa 30 Minuten backen, bis die Mischung stockt und der Teig goldbraun ist.

Für 8 Personen

Foglie di Basilico Ripiene

Basilikum-»Sandwiches«

Bei diesen frittierten kleinen Köstlichkeiten ersetzt der Mozzarella das Sandwichbrot. Sie können Basilikum mühelos im eigenen Garten oder im Topf ziehen. Für mich gibt es einfach keinen Ersatz für die frisch gepflückten, großen Blätter aus eigener Zucht.

Olivenöl, vor allem das hochwertige grüne vom Typ *extra vergine*, ist für das Frittieren viel zu schwer. Abgesehen davon, besitzt es einen zu starken Eigengeschmack. Die Italiener verwenden ein leichteres, neutrales Pflanzenöl wie zum Beispiel Sonnenblumenöl. Sie können auch Rapsöl verwenden, das ebenfalls hervorragend zum Frittieren geeignet ist.

200 g Mehl

Salz und frisch gemahlener schwarzer Pfeffer

2 EL Olivenöl *(extra vergine)*

1 Ei, getrennt

3 EL trockener Weißwein

125 ml kaltes Wasser

250 g Mozzarella, in 1,5 cm dicke Scheiben geschnitten

30 frische große Basilikumblätter

Pflanzenöl zum Frittieren

Mehl mit einer Prise Salz und Pfeffer in eine Schüssel sieben. Olivenöl, Eigelb, Weißwein und kaltes Wasser mit einem Holzlöffel einrühren und alles gut mischen, bis ein glatter Teig entsteht. Zudecken und 2 Stunden bei Zimmertemperatur ruhen lassen.

Mozzarella trockentupfen und in 2,5 cm große Stücke schneiden. Aus je 2 Basilikumblättern und 3 Mozzarellascheiben kleine »Sandwiches« aufschichten und die Lagen mit einem Zahnstocher zusammenhalten.

Eiweiß steif schlagen und unter den Teig ziehen. Frittieröl 7,5 cm hoch in einen Frittiertopf geben und erhitzen. Die Öltemperatur mit einem Tropfen Teig prüfen: Wenn er sofort oben schwimmt und zischt, ist das Öl heiß genug. Die Sandwiches in den Teig tauchen und rundum goldbraun frittieren. Aus dem Fett heben, auf Küchenpapier abtropfen lassen und von den Zahnstochern befreien. Die Sandwiches leicht salzen und heiß servieren.

Für 6 Personen

5

Mozzarella di Bufala

Mozzarella kann aus Kuhmilch hergestellt werden, doch der aus der Milch des Wasserbüffels ist die eindeutig bessere Sorte. Der beste *mozzarella di bufala* wiederum stammt aus zwei Gegenden in der Campania: aus der Küstenebene südlich von Salerno und der Region um Caserta, nördlich von Neapel.

Wenn man von Neapel aus nach Amalfi und dann an der Küste entlang nach Süden fährt, erreicht man knapp 100 km hinter Salerno den Ort Paestum mit den berühmtesten griechischen Tempelanlagen des ganzen Mittelmeerraums. Praktisch im Schatten dieser Tempel liegt die Nachbargemeinde Capaccio, wo man auf die *bufale* trifft, die herrlichen schwarzen Büffelkühe, die die Milch für den echten, frischen Mozzarella liefern.

Im Vergleich zu normaler Kuhmilch ist Büffelmilch cremiger und gehaltvoller und verleiht dem aus ihr gewonnenen Käse ein nussigeres Aroma. Nach der Legende brachten die Normannenkönige die *bufale* aus Sizilien mit, wo sie im 11. Jahrhundert von den Arabern eingeführt wurden. Andere Versionen besagen, dass sie schon seit der Antike auf der Halbinsel gezüchtet werden. Die *bufale* sind große, friedfertige, kräftige Tiere, die sich an heißen Sommertagen gerne in einer Suhle aus Wasser, Sand und Schlamm abkühlen.

Das zweite Zentrum der Mozzarella-Produktion befindet sich in Caserta, etwa 25 km nördlich von Neapel. Mitte des 18. Jahrhunderts wollte der Bourbonenkönig von Neapel dem französischen Herrscher Ludwig XIV. nacheifern und baute hier eine eigene Version des Palastes von Versailles inmitten der fruchtbaren Ebene, in der die *bufale* grasen und der Mozzarella hergestellt wird. Die meisten Menschen haben den König und seinen Palast längst vergessen, aber den Mozzarella gibt es auch heute noch.

Der Mozzarella ist das berühmteste Mitglied der Familie der *pasta filata*, Käsesorten, zu denen auch Provolone, Caciocavallo und Scamorza zählen. *Filata* bedeutet gestreckt, gezogen oder gesponnen wie Garn, und das ist genau das, was mit dem Quark geschieht.

Das Geheimnis eines guten Mozzarellas, der manchmal auch als *fior di latte* (Milchblume) bezeichnet wird, ist die Frische. Jeder ehrliche Hersteller produziert jeden Tag frisch und sorgt dafür, dass der Käse im Kühlwagen so schnell wie möglich zum Kunden gelangt. Industriell hergestelltem Mozzarella fehlt das Butterfett des handgemachten, und das merkt man deutlich. Er ist bei weitem nicht so cremig, seine Konsistenz ist fester und homogener, fast gummiartig, und der Geschmack ist flach.

Zur Herstellung von Mozzarella wird die Milch zum Gerinnen gebracht; der dabei entstandene Käsebruch wird zerkleinert und dann durch eine *chitarra*, eine Käseharfe, gedrückt, eine größere Version des drahtbespannten Küchengeräts, mit dem man *maccheroni alla chitarra* aus Teigplatten schneidet. Als Nächstes wird der Käsebruch mit heißem Wasser überbrüht, wodurch er wieder gerinnt. Nun kann der Käsemeister sein Können beweisen, indem er genau den richtigen Moment abwartet, um mit dem so genannten Ziehen zu beginnen. Dabei wird der Käsebruch geknetet und zu einer geschmeidigen Masse gerührt. Davon werden faustgroße Portionen abgetrennt; dieser Vorgang heißt *mozzare*, was abschneiden oder abhauen bedeutet, und dem Käse seinen Namen gibt. Nachdem die abgetrennten Portionen zu kleinen Kugeln geformt wurden, kommen sie in ein Bad mit Eiswasser, das die durch das heiße Wasser ausgelöste Gerinnung unterbricht.

Einige Mozzarellasorten werden gesalzen und kommen in eine Salzlake. Mozzarella kann aber auch geräuchert werden, ein Verfahren, das den köstlichen *mozzarella affumicata* ergibt.

Die Standardgröße für italienischen Mozzarella ist eine Kugel von 250 g Gewicht. Es gibt ihn aber auch als *ciliegine* (kleine Kirschen) genannte Kugeln von 15 g Gewicht sowie als *boconcini* (kleine Happen), die etwa 2,5 cm Durchmesser haben und 50 g wiegen. Manchmal findet man Mozzarella auch in bis zu 3 kg schweren Zöpfen.

Eines meiner Lieblingsgerichte ist ein Sommersalat aus frischen Mozzarellascheiben, auf dem Teller abwechselnd mit Tomatenscheiben und frisch im Garten geernteten Basilikumblättern angerichtet und mit ein wenig Olivenöl beträufelt.

Insalata di Tonno e Fagioli

Thunfischsalat mit weißen Bohnen

Dieses Rezept, eine hervorragende Version einer typisch neapolitanischen Vorspeise, verwendet Thunfisch aus der Dose. Nehmen Sie aber lieber frischen, falls erhältlich. Jeder Koch weiß, dass ein Gericht nur so gut ist wie die Zutaten. Mich ärgert es, dass manche Menschen in der Küche nur den besten Wein, das beste Olivenöl und die frischesten Zutaten verwenden, sich aber mit einem billigen Essig aus dem Sonderangebot zufrieden geben. Tun Sie sich einen Gefallen, und sparen Sie nicht – nicht einmal beim Essig.

- **200 g getrocknete weiße Bohnen, über Nacht mit Wasser bedeckt im Kühlschrank eingeweicht, dann gar gekocht**
- **2 EL Kapern, abgespült**
- **1 kleine rote Zwiebel, geschält, in dünne Ringe geschnitten und 1 Stunde in Wasser eingelegt**
- **Salz und frisch gemahlener schwarzer Pfeffer**
- **200 g Thunfisch in Öl (Dose), abgetropft**
- **4 EL Olivenöl** *(extra vergine)*
- **2 EL Rotweinessig (oder mehr nach Geschmack)**
- **1 Kopf Radicchio, zerpflückt**

Bohnen, Kapern und Zwiebel in eine Schüssel geben und mit Salz und Pfeffer abschmecken. Thunfisch grob zerkleinern und zugeben, Öl und Essig zugießen und alles gründlich mischen. Radicchioblätter um den Rand einer Platte anrichten, den Salat in die Mitte geben und servieren.

Für 4 Personen

Padellata di Porcini

Gedünstete Steinpilze

Steinpilze sind in Italien schon seit den Zeiten der alten Römer beliebt, als misstrauische Senatoren aus Angst davor, versehentlich oder absichtlich vergiftet zu werden, ihre Pilzgerichte eigenhändig zubereiteten. Heute ist das Sammeln von Steinpilzen im Frühherbst ein italienischer Nationalsport. Egal, ob frittiert, gegrillt oder gedünstet: Sie sind immer ein Genuss.

- **3 EL Olivenöl** *(extra vergine)*
- **3 Knoblauchzehen, geschält und zerdrückt**
- **750 g frische Steinpilze, sauber abgewischt (siehe Hinweis)**
- **2 reife Eiertomaten, geschält, entkernt und grob gewürfelt**
- **125 ml trockener Weißwein**
- **Salz und frisch gemahlener schwarzer Pfeffer**
- **1 EL frische Minze, gehackt**
- **1 EL frische glatte Petersilie, gehackt**

Das Olivenöl in einem breiten Topf nicht zu stark erhitzen. Knoblauch und Steinpilze hineingeben und unter gelegentlichem Rühren 2 Minuten braten. Tomaten zugeben und 2 Minuten kochen lassen. Mit Wein ablöschen, mit Salz und Pfeffer abschmecken und weitere 5 Minuten kochen lassen. Mit Kräutern bestreuen, durchmischen und servieren.

Für 4 Personen

Hinweis: Wenn Sie keine frischen Steinpilze bekommen, können Sie sie durch große Shiitakepilze ersetzen; das Gericht schmeckt anders, aber nicht weniger köstlich.

Porcini

Wenn Sie erst einmal frische, richtig zubereitete Steinpilze probiert haben, werden Sie sie nicht mehr missen wollen. Kulinarisch gesehen, rangieren sie gleich nach Trüffeln und Morcheln. Sie gehören zur Wildpilz-Familie *boletus edulis* und besitzen ein köstliches Aroma, einen ausgeprägten »Waldgeschmack« und eine weiche, gehaltvolle Konsistenz. Der Eigengeschmack ist so gut, dass man sie am besten ganz schlicht zubereitet. Sie können, gegrillt oder mit ein wenig Knoblauch und Olivenöl kurz gebraten, für sich allein gereicht werden, sie eignen sich als Vorspeise, als Beilage und sogar als Hauptgang eines vegetarischen Menüs. Man kann sie zu einer phantastischen Sauce für Nudeln, aber auch für Geflügel, Fleisch oder sogar milde Fischsorten verarbeiten.

Steinpilze sind während der Saison in allen gut sortierten Gemüseläden und Feinkostgeschäften zu finden, sie sind aber sehr teuer. Die besten haben einen vollen, nussigen Geschmack. Wenn Sie schöne, feste Exemplare finden, schneiden Sie sie hauchdünn auf, oder hobeln Sie sie mit einem Trüffelhobel über einen Salat, wie man es in Italien tut.

Für Suppen oder Saucen kann man auch getrocknete Steinpilze verwenden, zum Dünsten, zum Grillen oder für Salate sind sie allerdings ungeeignet. Sie müssen zunächst in warmem Wasser eingeweicht und dann klein gewürfelt werden. Heben Sie das Einweichwasser auf, denn es schmeckt großartig. Filtern Sie es durch ein Küchentuch, und verwenden Sie es zum Verfeinern von Suppen oder Saucen.

Pizza del Lattaio

Kartoffelpizza

Wenn Sie Kartoffeln so gern essen wie ich, werden Sie dieses Rezept lieben. Dazu ein Tipp: Heben Sie das Kochwasser der Kartoffeln auf, lassen Sie es abkühlen, und verwenden Sie es für den Kartoffelteig, der noch besser schmecken wird. Diese Pizza kann heiß oder zimmerwarm serviert werden. Sie eignet sich nicht nur als Vorspeise, sondern auch als kleiner Imbiss.

Lattaio ist das italienische Wort für Milchmann, und der Name des Rezepts bezieht sich wohl auf die vielen Milchprodukte (drei verschiedene Käsesorten), die verwendet werden. Asiago und Fontina sind zwei halb feste, relativ milde Käsesorten aus dem Norden Italiens. Der Asiago reift 2–9 Monate, bevor er in den Handel kommt; wie Pecorino wird er mit zunehmender Reife schärfer im Geschmack und härter, sodass er sich besser reiben lässt. Der Kartoffelteig macht diese Pizza im Zusammenspiel mit den drei Käsesorten einfach unwiderstehlich.

750 g mehlig kochende Kartoffeln, geschält

1 TL Trockenhefe

250 ml warmes Wasser

4 EL Olivenöl *(extra vergine)*

½ TL Salz

800 g Mehl

90 g Asiago, in 1,5 cm große Würfel geschnitten

90 g Fontina, in 1,5 cm große Würfel geschnitten

frisch gemahlener schwarzer Pfeffer

1 Zweig frischer Rosmarin, abgezupft

55 g frisch geriebener Parmesan

Den Backofen auf 220 °C vorheizen.

Die Kartoffeln in schwach gesalzenem Wasser kochen, bis sie sich leicht mit einem Messer einstechen lassen. Abgießen, ein Viertel in einer Schüssel zerstampfen, den Rest klein würfeln und auf die Seite stellen.

Die Hefe im Wasser auflösen. Mit 3 Esslöffeln Olivenöl, Salz und den zerstampften Kartoffeln mischen. Das Mehl portionsweise einrühren, bis sich der Teig vom Schüsselrand löst. Auf der leicht bemehlten Arbeitsfläche (oder in der Schüssel mit dem elektrischen Handrührgerät) 4–5 Minuten kneten, bis ein geschmeidiger Teig entsteht. Diesen in eine leicht geölte Schüssel geben, mit einem feuchten Küchenhandtuch oder Frischhaltefolie zudecken und 45 Minuten an einem warmen Ort gehen lassen, bis sich das Volumen etwa verdoppelt hat.

Den Teig zu einem ca. 3 mm dicken Kreis mit 40 cm Durchmesser ausrollen und auf ein leicht geöltes Backblech legen. Mit Asiago und Fontina bestreuen und mit Kartoffelwürfeln belegen. Mit dem restlichen Olivenöl beträufeln, dann mit Pfeffer, Rosmarinblätter und Parmesan bestreuen. Erneut mit Frischhaltefolie zudecken und 25 Minuten an einem warmen Ort gehen lassen. Folie abnehmen, Pizza in den Ofen schieben und 35 Minuten goldbraun und knusprig backen.

Für 8 Personen

Arancini

Sizilianische Reisbällchen

Als Kinder liebten meine Freunde und ich Reisbällchen so sehr, dass wir sogar zu etwas unlauteren Mitteln griffen, um uns welche leisten zu können. Einer unserer besten Tricks bestand darin, unser ganzes Geld zusammenzulegen, bis wir mindestens 20 Dollar hatten. Wir wechselten das Kleingeld in einen Schein um und schrieben eine Telefonnummer darauf. Dann ging einer in ein Lebensmittelgeschäft und kaufte so viele Süßigkeiten, wie wir essen konnten. Wichtig dabei war, dass im Laden möglichst viel Betrieb herrschte. Wir verstauten unsere Süßigkeiten, dann ging ein anderer ins Geschäft und bezahlte einen Kaugummi mit einer Ein-Dollar-Note. Als er das Wechselgeld entgegennahm, reklamierte er: »Ich habe Ihnen doch einen Zwanzig-Dollar-Schein gegeben. Das kann ich beweisen, weil ich die Telefonnummer eines Freundes darauf geschrieben habe.« Darauf sagte er die Nummer auf und nahm das zusätzliche Wechselgeld in Empfang. Das soll aber nicht heißen, dass wir kriminell waren, aber wir hätten fast alles getan, um an Reisbällchen zu kommen. So gut waren sie.

Arancini bedeutet übrigens kleine Orangen und bezieht sich auf die Größe der Bällchen.

1 l Hühnerbrühe (Seite 216)

½ TL Safranfäden, fein gehackt

Salz und frisch gemahlener schwarzer Pfeffer

400 g Arborioreis (siehe Hinweis Seite 18)

450 ml Marinarasauce (Seite 217)

100 g frisch geriebener Pecorino romano

2 EL Olivenöl *(extra vergine)*

225 g Schweinefleisch, klein gewürfelt

1 mittelgroße Zwiebel, geschält und gehackt

100 g Erbsen, frisch oder tiefgekühlt

4 Eier

300 g Semmelbrösel

leichtes Pflanzenöl zum Frittieren

Hühnerbrühe, Safran, Salz und Pfeffer nach Geschmack in einem Topf bei mittlerer Hitze zum Kochen bringen. Den Reis zugeben und unter Rühren aufkochen. Zudecken, die Hitze reduzieren und 16 Minuten köcheln lassen, bis der Reis gar und trocken ist. Sollte er gar, aber noch feucht sein, den Deckel abnehmen und die Flüssigkeit verdampfen lassen. Den Reis vom Herd nehmen, 200 ml Marinarasauce und den Käse zugeben, gut durchrühren und mindestens 2 Stunden abkühlen lassen.

Das Olivenöl in einem Topf erhitzen, das Schweinefleisch rundum darin bräunen, dann die Zwiebel zufügen und etwa 3 Minuten braten, bis sie glasig und leicht gebräunt ist. Die restliche Sauce zugießen und alles bei schwacher Hitze 45 Minuten köcheln lassen. Die Erbsen zugeben und weitere 3 Minuten kochen, dann vom Herd nehmen und abkühlen lassen. Das Fleisch mit einem Schaumlöffel aus dem Topf nehmen, mit einer Gabel zerkleinern und wieder hineingeben.

2 Eier aufschlagen und mit dem abgekühlten Reis gut verrühren. Die Mischung in 12 gleich große Portionen teilen und jeweils auf dem Handteller flach drücken. 2 Esslöffel Fleischmischung in die Mitte jedes Reisfladens setzen, vorsichtig zusammenklappen und zu einer Kugel rollen. Die Bällchen auf ein Stück Backpapier legen.

(Die Bällchen können jetzt bis zu 1 Monat eingefroren werden. Zum Auftauen werden sie 24 Stunden in den Kühlschrank gelegt.)

Restliche Eier verschlagen. Semmelbrösel auf einen Teller streuen. Die Bällchen in Ei, dann in den Semmelbröseln wälzen. Pflanzenöl 5 cm hoch in einen Topf geben und erhitzen. Bällchen in kleinen Portionen kurz frittieren, bis sie rundum gebräunt sind. Auf Küchenpapier abtropfen lassen und heiß servieren.

Ergibt 12 Reisbällchen

Hinweis: Arborio ist eine besonders für Risotto geeignete italienische Reissorte. Die Körner sind fast rund und enthalten mehr Stärke; richtig gekocht sind sie nicht mehr locker, aber auch noch nicht breiig.

Cacuocciuli sott'Olio

Artischocken in Olivenöl

Diese typisch sizilianische Vorspeise ist eines der besten Rezepte für Artischocken, die ich kenne. Man kann sie, so zubereitet, in Salate geben, als Füllung für Brot (Focaccia) verwenden, Sandwiches damit belegen oder einfach als Appetithappen genießen.

Die Artischocke kam im 15. Jahrhundert mit den arabischen Seidenhändlern nach Sizilien und wurde schnell zu einer Lieblingsspeise der einheimischen Bevölkerung. Der Legende zufolge aß Katarina von Médici bei einem Hochzeitsbankett im Jahr 1575 so viele Artischocken, dass sie beinahe daran starb. *Madonn'!*

Sonderbedarf: Ein Einmachglas, in das alle Artischocken passen. Bedenken Sie, dass sie nach der Verarbeitung kleiner sind; auch sollten sie ziemlich eng beieinander im Glas liegen.

500 g kleine Artischocken (ca. 12 Stück mit höchstens 7,5 cm Durchmesser)

Saft von 2 Zitronen

1 l trockener Weißwein

500 ml Weißweinessig

Schale von 1 Zitrone

3 Gewürznelken

2 Lorbeerblätter

1 ½ TL Salz

8 schwarze Pfefferkörner

Für das Glas

2 Gewürznelken

1 Lorbeerblatt

4 schwarze Pfefferkörner

Olivenöl *(extra vergine)* nach Bedarf

Die harten äußeren Blätter der Artischocken entfernen und die Spitzen der inneren Blätter abschneiden. Die Artischocken mit dem Zitronensaft in eine Schüssel mit kaltem Wasser geben.

Wein, Essig, Zitronenschale, Nelken, Lorbeerblätter, Salz und Pfefferkörner in einen säurebeständigen Topf geben und zum Kochen bringen. Die Artischocken abtropfen lassen, in den Topf legen und etwa 12 Minuten kochen, bis sie gar sind. Abtropfen und abkühlen lassen.

EINLEGEN: Die Artischocken in das Einmachglas schichten. Nelken, Lorbeerblatt, Pfefferkörner und genügend Öl zugießen, um die Artischocken etwa fingerbreit zu bedecken. Das Glas nicht sofort verschließen; vorher müssen sich die Artischocken setzen, damit alle Luftblasen entweichen können.

Für 6 Personen

Hinweis: Die Artischocken können 2–3 Wochen im Kühlschrank aufbewahrt werden.

Fegato a Sette Cannoli

Süß-saurer Kürbis

Sollten Sie italienisch sprechen: Dies ist kein Rezept für Leber. Sollten Sie der Sprache nicht mächtig sein: Ja, *fegato* bedeutet tatsächlich Leber. Lassen Sie mich das erklären. Vor langer Zeit gab es am Garrafellobrunnen mitten im alten Palermo einen Mann, der Gemüse an die Armen verkaufte. Er schuf dieses phantastische Gericht, das nach allgemeiner Auffassung nach Fleisch schmeckte. Also nannte man es *fegato*.

Nun besaß dieser Brunnen sieben Wasserspeier, die auf Italienisch *cannoli* heißen, und so erklärt sich denn der zweite Teil des Namens. Ein Hoch den Sizilianern!

1,2 kg Kürbis, geschält, entkernt und in 5 mm dicke Spalten geschnitten

grobes Meersalz

reines Olivenöl zum Frittieren

1 mittelgroße Zwiebel, geschält und in dünne Streifen geschnitten

1 ½ TL Zucker

5 ½ EL Weißweinessig

¾ TL Salz

½ TL frisch gemahlener schwarzer Pfeffer

6 Zweige frische Minze, grob gehackt

Die Kürbisspalten leicht mit Salz bestreuen. Olivenöl 5 mm hoch in einen Topf geben und nicht zu stark erhitzen. Die Kürbisspalten portionsweise 5 Minuten von beiden Seiten goldgelb frittieren. Die Spalten auf Küchenpapier abtropfen lassen.

Die Hitze reduzieren und das Öl bis auf 3 Esslöffel aus dem Topf gießen. Die Zwiebel hineingeben, mit Zucker bestreuen und unter Rühren 15 Minuten goldbraun braten. Den Essig und 4 Esslöffel Wasser zufügen. Unter ständigem Rühren kochen, bis die Flüssigkeit auf die Hälfte reduziert ist. Kürbisspalten auf einem Teller anrichten, salzen und pfeffern und mit Minze bestreuen. Abkühlen lassen und zimmerwarm servieren.

Für 6 Personen

Focaccia cu Brocculi Rabi

Mit Brokkoli gefülltes Focacciabrot

Es verblüfft mich immer wieder, wie viele Menschen sich für eine vegetarische Ernährung entscheiden. Ich spreche hier nicht von strengen Vegetariern, sondern von Menschen, die einfach gesünder leben wollen und daher mehr Gemüse wie etwa Brokkoli essen.

Dieses Gericht bietet zahllose Variationsmöglichkeiten. So können Sie zum Beispiel den Brokkoli durch anderes Gemüse ersetzen oder weitere Zutaten wie geröstete Paprika, frisches Basilikum oder Auberginen hinzufügen. Sie können das Focaccia im Voraus zubereiten und es erst kurz vor dem Servieren füllen. Focaccia kann in einem Gefrierbeutel im Kühlschrank aufbewahrt oder auch eingefroren werden.

2 große Brokkoli, gewaschen und von holzigen Stielen befreit

3 EL Olivenöl *(extra vergine)*

3 Knoblauchzehen, geschält und gehackt

¼ TL rote Chilischoten, zerstoßen

Salz und frisch gemahlener schwarzer Pfeffer

½ Portion Focacciabrot (Seite 220)

400 g frisch geriebener Mozzarella

50 g frisch geriebener Parmesan

Den Backofen auf 150 °C vorheizen.

Brokkoli 4 Minuten in sprudelnd kochendem Salzwasser blanchieren, dann gut abtropfen lassen und grob hacken.

Olivenöl in einem großen Topf nicht zu stark erhitzen und Knoblauch 2 Minuten goldbraun braten. Chilischoten und Brokkoli zugeben und 5 Minuten unter Rühren braten, mit Salz und Pfeffer abschmecken und auf die Seite stellen.

Focaccia längs halbieren und den unteren Teil mit der Hälfte des Mozzarellas und des Parmesans bestreuen. Brokkoli darauf verteilen, mit dem restlichen Käse bestreuen, mit der oberen Brothälfte bedecken und 12 Minuten backen, bis der Käse geschmolzen ist. In Stücke schneiden und servieren.

Für 4 Personen

Insalata di Mulinciani alla Pina

Pinas Auberginensalat

Ohne Auberginen können die Italiener nicht leben. Aber wie wählt man die besten aus? Man ist sich einig, dass sie fest und im Verhältnis zur Größe schwer sein müssen. Dann aber beginnt die Diskussion etwa darüber, welche die wenigsten Samen oder den bittersten Geschmack haben. Einige sagen, sie müssen hellviolett sein, andere elfenbeinfarben oder sogar gestreift!

Von Pina, einer alten Freundin der Familie aus einem kleinen Dorf bei Palermo und einer hervorragenden Köchin, stammt dieses phantastische Rezept. Sie behauptet auch, das Geheimnis der perfekten Aubergine zu kennen: Die weiblichen Früchte haben ein Grübchen am Ende und enthalten wesentlich weniger Samen.

Verwenden Sie unbedingt einen guten Essig. Hier sollten Sie dieselben Anforderungen an die Qualität stellen wie bei einem Wein. Billiger Essig gehört nicht in Salate und Marinaden und wäre nur Verschwendung von Zutaten.

- 2 Auberginen (zusammen ca. 750 g)
- 1 rote Zwiebel, geschält und in dünne Ringe geschnitten
- 350 g geröstete rote Paprikaschoten (Seite 171), in 1,5 cm breite Streifen geschnitten
- 2 EL Minzeblätter, in dünne Streifen geschnitten
- 3 Knoblauchzehen, geschält und gehackt
- 1 TL geriebene Zitronenschale
- Salz und frisch gemahlener schwarzer Pfeffer
- 8 EL Olivenöl *(extra vergine)*
- 4 EL Rotweinessig

Auberginen schälen, längs halbieren und in 5 cm dicke, halbmondförmige Scheiben schneiden. 8 Minuten in leicht gesalzenem, sprudelnd kochendem Wasser pochieren. Herausheben und unter kaltem Wasser abschrecken. Gründlich abtropfen lassen, vorsichtig ausdrücken und mit Küchenpapier trockentupfen. Zwiebelringe 1 Minute im selben Topf blanchieren.

Auberginenscheiben und Paprikastreifen abwechselnd auf einem großen Teller anrichten. Zwiebelringe darüber verteilen. Minze, Knoblauch, Zitronenschale, Salz und Pfeffer in einer Schüssel verrühren und mit Öl und Essig verschlagen. Über den Salat geben und 1 Stunde ziehen lassen. Zimmerwarm servieren.

Für 8 Personen

Hinweis: Zugedeckt hält der Salat einige Tage im Kühlschrank. Nehmen Sie ihn aber rechtzeitig vor dem Servieren heraus – kalt schmeckt er einfach nicht so gut.

Parlanno Siciliano

» SIZILIANISCH SPRECHEN «

Viele Norditaliener betrachten Sizilien nur als ungeliebtes Anhängsel der italienischen Nation und die sizilianische Sprache als eine verhunzte Abart der Hochsprache. In Wahrheit ist es eine vollwertige Nation innerhalb der Nation mit einer eigenen Sprache und Kultur. Sizilianisch ist farbig, es ist verrückt, es besitzt Poesie, einen gehörigen Schuss Humor und Ironie.

An den Sizilianern schätze ich besonders, dass sie sich nicht scheuen, ihre eigene Sprache zu sprechen. Sie tratschen mit ihren Freunden am Telefon, sie gehen zur Beichte und gestehen dem Priester ihre Sünden, sie schreien ihre Mütter und Kinder an, sie lieben ihre Frauen und Freundinnen – und das alles auf Sizilianisch. Oben im Norden sprechen die Menschen untereinander Dialekt und mit Fremden die Hochsprache. Nicht so die Sizilianer.

Wie klingt nun Sizilianisch? Worte enden oft auf ein kurz ausgesprochenes *u*. So wird der Fisch *merluzzo* schnell zum *merluzzu*. Oft wird das *u* auch als Vorsilbe verwendet. Lebensmittel wie *pane* (Brot), *latte* (Milch) und *sale* (Salz) werden dann zu *upane*, *ulatte*, *usale*. Das Sizilianische fügt Wörtern auch häufig noch eine oder zwei Silben hinzu. *Carciofi* (Kar-tscho-fih, Artischocke), eigentlich schon schwierig genug auszusprechen, mutiert dabei zu *caccuociuli* (Kah-kuo-tschulih). Der Brokkoli wird zu *brocculeddu* und Knoblauch, *aglio*, verwandelt sich zu *agghiu*.

Wie andere Dialekte auch wird Sizilianisch nur gesprochen und nicht geschrieben, wodurch die Grammatik zugunsten des Ausdrucks in den Hintergrund tritt. Einige Begriffe sind mit denen der Hochsprache verwandt, andere unterscheiden sich völlig davon. Hier noch einige Beispiele:

große Holzlöffel, der zum Kochen und hin und wieder auch aus disziplinarischen Gründen zum Einsatz kommt. Neigte man als Kind zu Missetaten, musste man sich vor *la paletta* in Acht nehmen. Allein die Drohung genügte meist schon, um Wohlverhalten zu garantieren.

Kultur und Dialekt Siziliens sind gut für Sprichwörter geeignet, alte Weisheiten, in Wortspiele und Humor verpackt. Die Ausdrucksweise ist meist deutlich und häufig nicht ganz jugendfrei. Hier einige harmlosere Beispiele:

Chi practica con lo zoppo al anno zoppichia – Wenn man dauernd mit einem Lahmen verkehrt, fängt man nach einem Jahr selbst an zu hinken.

Pani e sacramentu ci n'e'a ogni cunventu – Brot und Sakramente findet man in jedem Kloster (jeder kann Ihnen geben, was Sie brauchen).

Carni e pisci, a vita ti crisci – Mit Fleisch und Fisch lebt man lange.

Cu si marita, sta cuntentu un jornu; cu scanna u porcu, sta cuntentu un annu – Wer heiratet, ist einen Tag lang glücklich; wer ein Schwein schlachtet, ist ein Jahr lang glücklich.

Cafe e vinu, cauri o friddi, ammazzanu i picciriddi – Kaffee und Wein, heiß oder kalt, bringen die Kinder um.

Cu di vinu e'amicu, a iddu stissu e'nimicu – Wer ein zu guter Freund des Weines ist, ist sein eigener Feind.

ITALIENISCH	DEUTSCH	SIZILIANISCH
fagiolo	Bohne	*fazole*
sedano	Sellerie	*acciu* (gesprochen *atschu* wie ein Nieser)
prezzemolo	Petersilie	*petrosino*
uva	Traube	*racina*
uva passa	Rosine	*uvetta*
lumachina	Meeresschnecke	*babbaluci*

Es gibt auch Wörter, die nur im Sizilianischen vorkommen und die man kennen sollte. *La mappina* ist das vielseitig verwendbare und unverzichtbare Spültuch. *La paletta* ist der

Lucciariello

Pastete mit Wurst und Brokkoli

Eine wundervoll gedeckte Pizza, für die es in vielen Küchen Siziliens ein Rezept gibt, nicht zuletzt bei Pasquale Verde und seiner Familie, guten Freunden, die in Castellammare leben. Patsy, wie wir ihn nannten, besaß viel Humor. Ich kann mich erinnern, wie er einer großen Runde von Gästen Abführmittel in das Schokoladendessert mischte. Um die Sache noch schlimmer zu machen, gab es damals wie in den meisten sizilianischen Kleinstädten nur Außentoiletten!

1 Portion Pasta per Pizza (Seite 219)

350 g Brokkoliröschen, klein geschnitten

2 Knoblauchzehen, geschält und zerdrückt

4 EL Olivenöl *(extra vergine)*

1 kleine Pfefferschote, halbiert und entkernt

Salz und frisch gemahlener schwarzer Pfeffer

225 g süße italienische Wurst, aus der Haut gelöst und zerkrümelt

2 große reife Tomaten, in dünne Scheiben geschnitten

Den Backofen auf 220 °C vorheizen.

Den Teig in 2 Portionen teilen, die eine etwas größer. Das größere Stück auf der leicht bemehlten Arbeitsfläche zu einem Kreis mit 30 cm Durchmesser, das andere zu einem etwas kleineren Kreis ausrollen. Beide mit einem feuchten Küchenhandtuch zudecken und 10 Minuten ruhen lassen.

Den Brokkoli 2–3 Minuten in sprudelnd kochendem Salzwasser gar kochen. Knoblauch in einem Topf bei mittlerer Hitze in 2 Esslöffeln Olivenöl bräunen. Pfefferschote und Brokkoli zugeben und weitere 2–3 Minuten braten. Mit Salz und Pfeffer abschmecken, aus dem Topf nehmen und auf die Seite stellen. Einen weiteren Esslöffel Olivenöl in den Topf geben und die Wurst bräunen. Den Brokkoli zur Wurst geben, abschmecken und zum Abkühlen beiseite stellen.

Die größere Teigplatte auf ein leicht geöltes Backblech legen, die abgekühlte Wurstmischung gleichmäßig darauf verteilen und mit Tomatenscheiben belegen. Mit der kleineren Teigplatte bedecken, die überstehenden Ränder nach oben umschlagen und fest auf die obere Platte drücken. Mit dem restlichen Olivenöl bestreichen und 25 Minuten goldbraun backen, sofort servieren.

Für 6 Personen

Sfinciune

Sizilianische Pizza mit Zwiebeln und Sardellen

Die *sfinciune* ist ein sizilianisches National-gericht, das seinen Namen vom Dialektwort für weich oder leicht ableitet, was sich auf die luftige Kruste bezieht. In Sizilien findet man viele ver-schiedene Versionen dieser Pizza, aber diese ist mein Favorit.

Für den Teig

35 g Trockenhefe

250 ml warmes Wasser

600 g Mehl

100 g frisch geriebener Pecorino romano

1 TL Salz

¼ TL frisch gemahlener schwarzer Pfeffer

3 EL Olivenöl *(extra vergine)*

Für die Sauce

5 EL Olivenöl *(extra vergine)* **+ ein wenig für die Pizzaform**

1 große Zwiebel, geschält und in dünne Ringe geschnitten

1 Knoblauchzehe, geschält und zerdrückt

3 große reife Tomaten, geschält, entkernt und gewürfelt

2 Sardellenfilets, gehackt

2 Zweige frischer Oregano, abgezupft

100 g Semmelbrösel

60 g Caciocavallo (oder Provolone), in 1 cm große Würfel geschnitten

TEIG: Hefe und Wasser verrühren. Mehl, Pecorino, Salz und Pfeffer in einer Schüssel mischen. Eine Mulde in die Mitte drücken, Hefemischung und 2 Esslöffel Olivenöl hinein-geben und mit einem Holzlöffel oder Handrühr-gerät 8 Minuten zu einem glatten, elastischen Teig verarbeiten. Eine Schüssel mit dem rest-lichen Olivenöl bestreichen, den Teig hinein-geben, mit Frischhaltefolie bedecken und 1 Stunde an einem warmen Ort gehen lassen, bis sich das Volumen etwa verdoppelt hat.

SAUCE: 2 Esslöffel Olivenöl in einem Topf nicht zu stark erhitzen und Zwiebel und Knoblauch 10 Minuten unter Rühren braten, bis sie zusam-mengefallen und goldbraun sind. Tomaten, Sardellen und Oreganoblätter einrühren und weitere 10 Minuten köcheln lassen. Zum Abkühlen auf die Seite stellen.

Semmelbrösel in 1 Esslöffel Olivenöl bei mittlerer Hitze goldbraun rösten.

Pizzaform mit etwas Olivenöl bestreichen, Teig ausrollen, Form damit auskleiden und 30 Minuten gehen lassen. In der Zwischenzeit den Backofen auf 220 °C vorheizen.

Mit den Fingerspitzen 1 cm tiefe Mulden im Abstand von 2,5 cm in den Teig drücken. Mit der Hälfte der Sauce bestreichen, dabei einen fingerbreiten Rand lassen. 25 Minuten im Ofen backen.

Aus dem Ofen nehmen, den Rest der Sauce darüber verteilen, zuerst mit Käse, dann mit Semmelbröseln bestreuen und mit 2 Esslöffeln Olivenöl beträufeln. Weitere 8 Minuten backen und servieren.

Falls etwas übrig bleibt, schmeckt der Rest am nächsten Tag genauso gut.

Ergibt eine 30 cm große Sfinciune

Pan di Ceci
con Salvia

Kichererbsenbrot mit Salbei

Dieses ebenso einfache wie köstliche Brot habe ich in Palermo als Bestandteil eines Vorspeisentellers entdeckt. Eine Variante findet man in Ligurien, zu dem die Nordwestküste der italienischen Halbinsel mit Städten wie Genua und Portofino sowie die dramatische Landschaft der Cinqueterre gehören. Dort heißt dieses Fladenbrot *farinata*. Mit etwas Glück erhält man es in italienischen Läden und Feinkostgeschäften.

400 g Kichererbsenmehl
375 ml kaltes Wasser
4 EL Olivenöl *(extra vergine)*
2 TL Salz
6 frische Salbeiblätter
frisch gemahlener schwarzer Pfeffer

Mehl in eine Schüssel geben und langsam mit Wasser, Olivenöl und Salz verrühren. Zudecken und mindestens 1 Stunde bei Zimmertemperatur ruhen lassen.

Den Backofengrill heizen und den Rost in ca. 15 cm Abstand von den Heizschlangen einschieben. Eine 33 x 23 cm große Backform leicht mit Olivenöl bestreichen. Den Teig umrühren und in die Form gießen. Salbeiblätter in große Stücke zupfen und zusammen mit reichlich Pfeffer über den Teig streuen. 5 Minuten grillen, bis der Teig leicht gebräunt ist. Temperatur auf 230 °C reduzieren und weitere 5 Minuten backen, bis sich der Teig von der Form löst. In Vierecke schneiden und sofort servieren.

Für 6 Personen

CACIOCAVALLO

Caciocavallo (Kah-tscho-kah-vah-lo) zählt, zusammen mit Mozzarella und Provolone, zu den *pasta filata*, von Hand gezogenen Frischkäsesorten. Er wird aus Kuhmilch hergestellt und hat eine unverwechselbare Form: zwei unterschiedlich große, miteinander verbundene Kugeln mit einer um die Mitte geknoteten Schnur. Er ist auch in langen, dünnen Rollen und großen, rechteckigen Blöcken erhältlich. Wie Mozzarella besitzt er einen milden, leicht salzigen Geschmack und eine vollmundige, geschmeidige Konsistenz. Man kann ihn auch geräuchert oder gereift kaufen. Beide Sorten besitzen einen kräftigeren Geschmack und eine festere Konsistenz als der frische.

Es lohnt die Mühe, original italienischen Käse zu suchen und zu kaufen. Die industriell hergestellten Imitationen können geschmacklich nicht an den echten heranreichen.

zuppe

Wie überall auf der Welt sollen Suppen auch in Süditalien vor allem sättigen, wärmen und stärken.

Neapel ist Teil des italienischen Stiefels und liegt, kulinarisch gesehen, viel näher bei Norditalien als Sizilien. Zwischen Nord und Süd hat immer ein lebhafter Verkehr geherrscht, und es überrascht kaum, dass man viele Rezepte aus dem Norden in der Gegend um Neapel und in Kampanien wieder findet.

In Sizilien werden Suppen oft aus getrockneten Zutaten wie dicken Bohnen, Weizenkörnern und Erbsen zubereitet, die nicht nur einfach zuzubereiten und billig, sondern auch das ganze Jahr über erhältlich sind. Und damit kommen wir zum wohl Wichtigsten an der Suppe: Sie ist preiswert, sehr nahrhaft und ein Topf kann eine ganze Familie sättigen, was viele Generationen meiner sparsamen *compari* besonders zu schätzen wussten.

Meine Großmutter Mary Lazzarino und ihr Bruder Pasquale Pesce bei ihrer Kommunion.

Zuppetta di Cozze

Neapolitanische Muschelsuppe

Was soll ich groß über Muscheln sagen: Sie sind relativ preiswert, fast überall erhältlich und einfach köstlich. Safran dagegen, obwohl man ihn in jedem gut sortierten Supermarkt und Feinkostgeschäft findet, ist sehr teuer. Leider lässt er sich durch nichts ersetzen, dafür kommt man aber mit sehr wenig aus.

Für dieses Rezept benötigt man Cavatelli, eine meiner liebsten Pastasorten. Es handelt sich dabei um kurze, dicke, muschelförmige Nudeln. Man kann sie selbst herstellen oder frisch oder auch getrocknet kaufen. Sie sind in jeder Form großartig, nicht nur in Suppen wie dieser, sondern auch mit Saucen (siehe das folgende Kapitel).

Die Hauptrolle bei dieser kleinen Suppe (*zuppetta*) spielt die unschlagbare Kombination aus Knoblauch, Meeresfrüchten und Tomaten. Einmal probiert, werden Sie vor Begeisterung einen Luftsprung machen.

3 EL Olivenöl *(extra vergine)*

6 Knoblauchzehen, geschält und zerdrückt

1 Sardellenfilet, sehr fein gehackt

1 EL Kapern, abgespült und gehackt

¼ TL frische Oreganoblätter

350 g Tomaten, geschält, entkernt und grob gewürfelt

500 ml Hühnerbrühe (Seite 216) oder Wasser

1 kg Miesmuscheln, geputzt (siehe Hinweis)

1 Prise Safran

⅛ TL getrocknete Chilischoten, zerstoßen

300 g Cavatelli

Salz und frisch gemahlener schwarzer Pfeffer

Das Olivenöl in einem gusseisernen Topf nicht zu stark erhitzen und Knoblauch unter Rühren leicht bräunen. Sardelle, Kapern und Oregano zugeben und eine weitere Minute rühren. Tomaten, Brühe, Muscheln, Safran und Chilischoten zugeben. Den Topf zudecken und alles 8 Minuten kochen lassen.

In der Zwischenzeit die Pasta in einem großen Topf mit sprudelnd kochendem Salzwasser *al dente* kochen. Die Muscheln mit einem Schaumlöffel aus dem Topf heben. Noch geschlossene Muscheln wegwerfen und offene aus der Schale lösen.

Pasta abgießen, mit den Muscheln in die Suppe geben, mit Salz und Pfeffer abschmecken, 3–4 Minuten köcheln lassen und servieren. Nicht vergessen, zur Suppe reichlich Brot zum Aufstippen zu servieren.

Für 4–6 Personen

Hinweis: Die Muscheln unter fließend kaltem Wasser gründlich spülen und leicht abbürsten. Dann den »Bart«, die Fäden, die aus der Schale ragen, entfernen (Zuchtmuscheln werden davon befreit, bevor sie in den Handel kommen). Alle bereits geöffneten Muscheln wegwerfen.

Minestra di Pesce

Meeresfrüchtesuppe mit Fenchel und Safran

Jede Küche des Mittelmeerraums, die etwas auf sich hält, besitzt ein Rezept für Fischsuppe. Wie immer man sie auch nennen mag – *zuppa di pesce, caciucco, brodetto, cioppino* (oder in Südfrankreich *bouillabaisse*) –, diese mit Knoblauch, Tomaten und frischen Meeresfrüchten der Region ist jedenfalls eine meiner Lieblingssuppen. Ich habe das Rezept von einem Freund namens Anthony Russo, einem Fischer, dessen Revier die Gewässer um die Insel Capri sind. Anthony ist ein witziger Typ, dessen Rezept von seiner Mutter stammt. Er liebt Knoblauch und nennt ihn das wichtigste Gemüse der Welt. Er erzählt gerne, seine Mutter habe sich vor dem Schlafengehen immer eine Kette aus Knoblauch um den Hals gelegt, um seinen Vater auf Abstand zu halten!

Sie können ganz nach Wunsch und Verfügbarkeit auch andere Meeresfrüchte und Fische verwenden – Hauptsache, sie sind frisch.

1 ganze Meerbrasse oder anderer dicker, festfleischiger Weißfisch (ca. 1 kg)

1 kleiner lebender Hummer (ca. 500 g)

500 ml trockener Weißwein

3 EL Olivenöl *(extra vergine)*

1 Lauchstange, gründlich gewaschen (um Erde innen und außen zu entfernen) und gewürfelt

1 mittelgroße Zwiebel, geschält und fein gehackt

2 Möhren, geschält und gewürfelt

1 Selleriestange, gewürfelt

5 Knoblauchzehen, geschält und zerdrückt

1 Lorbeerblatt

2 Zweige frischer Thymian

1 TL Fenchelsamen

1 großzügige Prise Safran

400 g geschälte italienische Eiertomaten im Saft aus der Dose, gewürfelt (oder frische Tomaten, geschält)

Schale von 1 unbehandelten Orange (in große Stücke geschnitten, nicht gerieben oder gehackt)

500 g Seeteufelfilets

Salz und frisch gemahlener schwarzer Pfeffer

4 Riesenshrimps (Seite 117)

Kopf, Schwanz und Flossen des Fisches abschneiden. Hummer durch einen schnellen Messerstich senkrecht zwischen die Augen töten. Das Tier stirbt sofort. Hummerschwanz in zwei Teile schneiden und Scheren abtrennen. Den Kopf ganz lassen. Die abgetrennten Fischteile und den Hummerkopf in einem großen Suppentopf mit 1 Liter kaltem Wasser bedecken und bei starker Hitze zum Kochen bringen. Hitze zurückschalten und alles 12–15 Minuten köcheln. Fischteile und Hummerkopf herausnehmen und wegwerfen. Wein, Olivenöl, Lauch, Zwiebel, Möhren, Sellerie, Knoblauch, Lorbeerblatt, Thymian, Fenchelsamen, Safran, Tomaten und Orangenschale zugeben und weitere 15 Minuten bei sehr schwacher Hitze köcheln. Lorbeerblatt entfernen und Suppe glatt pürieren. Wieder zum Köcheln bringen, Fisch und Fischfilets zugeben und mit wenig Salz und Pfeffer abschmecken. Weitere 5 Minuten köcheln, dann die Shrimps zugeben. Erneut 5 Minuten köcheln und heiß servieren. Knuspriges Brot zum Aufstippen dazu reichen.

Für 4 Personen

Zuppa di Grano

Weizenkörnersuppe

Während meiner Jugend in Brooklyn wohnten wir in einem typischen braunen Ziegelbau mit hohen Decken und langen, schmalen Räumen. Die uralte Kohlenheizung brauchte ewig, um das Haus warm zu bekommen, und ich kann mich erinnern, wie wir an manchem kalten Wintermorgen in die Küche eilten, wo meine Großmutter den Backofen eingeschaltet und die Tür offen gelassen hatte, um den Raum zu heizen. An solchen Tagen kochte meine Großmutter unsere Lieblingssuppen. Diese stand bei uns immer ganz oben auf der Liste.

Ganze, unbehandelte Weizenkörner sind heutzutage dank der Gesundheitswelle sehr beliebt. In der sizilianischen Küche werden sie seit langem verwendet, vor allem in Süßspeisen. Und sie ergeben eine wundervolle Suppe, wie Sie sehen werden.

In Italien bezeichnet man mit *battuto* etwas, das zerstoßen wurde. Der Begriff bezieht sich für gewöhnlich auf Knoblauch und Kräuter, die mit einem *mezzaluna* (Halbmond), einem Wiegemesser mit zwei Griffen, zusammen auf einem Schneidebrett gehackt werden. Ein *battuto* wird meist als erster Schritt bei der Zubereitung in Olivenöl gebraten, aber hier dient es als Garnierung.

300 g Weizenkörner, über Nacht in kaltem Wasser eingeweicht und abgegossen

1 große weiße Zwiebel, geschält und fein gehackt

3 Selleriestangen, fein gehackt

3 Knoblauchzehen, geschält und zerdrückt

1,2 kg Tomaten, geschält, entkernt und gewürfelt

1,5 l Hühnerbrühe (Seite 216)

250 ml trockener Weißwein

500 g vorgekochte weiße Bohnen (oder aus der Dose)

Salz und frisch gemahlener schwarzer Pfeffer

Für das battuto crudo

50 g frische glatte Petersilie, gehackt

50 g frisches Basilikum, gehackt

2 Knoblauchzehen, geschält und gehackt

70 g geriebener Pecorino

Weizenkörner mit Zwiebel, Sellerie, Knoblauch, Tomaten, Brühe und Wein in einen Topf geben. Zum Kochen bringen, Temperatur reduzieren und zugedeckt 30 Minuten köcheln lassen.

Bohnen einrühren und weitere 10 Minuten kochen lassen, bis der Weizen gar ist. Mit Salz und Pfeffer abschmecken.

BATTUTO: Alle Zutaten gründlich mit einem Löffel vermischen.

Suppenportionen gleichmäßig mit *battuto* bestreuen und servieren.

Für 6 Personen

Zuppa di Piseddi
Secchi e Patate

Kartoffelsuppe mit Trockenerbsen

Die Großtante meines Vaters, Angelina, machte diese Suppe für uns Kinder. Was mich an eine Geschichte erinnert. Haben Sie schon davon gehört, wie scharf die Sizilianer auf ihre Töchter aufpassen? Es ist alles die reine Wahrheit. Angelina war so um ihre Tochter Josie besorgt, dass es richtig lächerlich war. Als ihre Tochter endlich mit ihrem Ehemann in spe ausgehen durfte, folgte ihnen die Familie mit ein paar Metern Abstand auf dem Fuße. Sie gingen neun Jahre lang miteinander, und erst im letzten Jahr durften sie sich küssen. Als sie schließlich heirateten, bestand Tante Angelina darauf, dass sie die Flitterwochen in ihrem Haus verbrachten. In der ersten Nacht machte sie kein Auge zu. Sobald es ruhig wurde, rief sie: »Hey, was geht da drin vor?« Dann begann sie geräuschvoll *biscotti* zu essen – und aß die ganze Nacht lang. Unnötig zu sagen, dass das Paar sein erstes Kind erst nach 5 Jahren Ehe bekam.

250 g Trockenerbsen, gut gespült

1 mittelgroße Möhre, geschält und mittelfein gewürfelt

2 mittelgroße Kartoffeln, geschält und klein gewürfelt

1,3 l Hühnerbrühe (Seite 216)

4 EL Olivenöl *(extra vergine)*

1 mittelgroße Zwiebel, geschält und fein gehackt

1 Knoblauchzehe, geschält und fein gehackt

Salz und frisch gemahlener schwarzer Pfeffer

3 EL frisch geriebener Parmesan

Erbsen, Möhre, Kartoffeln und 750 ml Brühe in einen Topf geben und bei mittlerer Hitze kochen lassen, bis alle Zutaten weich sind. Suppe im Mixer oder mit dem Pürierstab glatt pürieren.

Olivenöl in einem zweiten Topf erhitzen und Zwiebel und Knoblauch 4 Minuten goldgelb braten. Zusammen mit der restlichen Brühe in die Suppe geben. 10 Minuten unter ständigem Rühren köcheln. Mit Salz und Pfeffer abschmecken, Parmesan zugeben und servieren.

Für 6 Personen

Der Charakter der Sizilianer

Ich liebe den Sinn der Italiener für die eigene Identität. Bringen Sie eine Gruppe von ihnen aus ganz Amerika zusammen, und fragen Sie jeden Einzelnen, ob er Italiener ist. Sie werden fast so viele verschiedene Antworten erhalten, wie Menschen anwesend sind.

Das Gespräch wird etwa so ablaufen: »Sie sind Italiener, nicht wahr?« – »Nein, ich bin Sizilianer.« Das Gleiche hören Sie von Kalabresen, Venetern, Neapolitanern und so fort. Ein weiteres charakteristisches Gespräch: »O, *madonn'*! Meine Schwester will einen Neapolitaner heiraten! Was sollen wir tun?« – »Nun, du könntest zunächst versuchen, es ihr auszureden.« Und das sind nicht etwa neu angekommene Einwanderer, sondern Amerikaner der zweiten und dritten Generation wie ich. Einige haben Italien noch nicht einmal gesehen! Doch sie betrachten sich immer noch als Sizilianer, Neapolitaner und so weiter.

Bei den Sizilianern kommt noch hinzu, dass sie alle völlig verrückt sind. Wenn Sie einige von ihnen nur schräg angucken, sprechen sie kein Wort mehr mit Ihnen – oder noch Schlimmeres. Sie haben ein langes Gedächtnis: Sie wissen genau, wie man eine Fehde aufrechterhält. Man sollte sich niemals einen Sizilianer zum Feind machen. Auf der anderen Seite besitzen sie auch einige beneidenswerte Eigenschaften – Treue, Kraft und Gleichmut im Angesicht unglaublicher Leiden und Schwierigkeiten. Sie besitzen einen unbeugsamen Geist und Erfindungsreichtum. Mein Vater vereint viele dieser Eigenschaften, und ich habe möglicherweise ein paar davon mitbekommen …

Im einen Atemzug erzähle ich Ihnen, dass es den typischen Sizilianer gar nicht gibt, und im nächsten bezeichne ich meinen Vater als typischen Sizilianer und meine Onkel und Tanten als typische Neapolitaner. Ich weiß: Verallgemeinerungen führen zu Stereotypen, und Stereotypen führen zu Vorurteilen. Gerade die Italiener, und besonders die Sizilianer, haben lange darunter gelitten. Das ist weder gerechtfertigt, noch fair, vor allem wenn es einer solchen Ansammlung ausgeprägter Individualisten widerfährt. Auf der anderen Seite gibt es einen Grund für Stereotypen. Warum soll man nicht die positiven feiern und sich über die negativen nicht allzu viele Gedanken machen? Hier eine Liste sizilianischer Eigenschaften. Ich weiß, dass sie stimmen, denn ich habe sie beobachtet:

Dein Wort ist deine Tat – Man sagt, was man meint, und man tut, was man sagt. Sizilianer haben wenig für leeres Geschwätz übrig. Sie sagen einem mit einer an Brutalität grenzenden Offenheit, was sie denken. Diese Offenheit sollte man nicht mit Grobheit verwechseln.

Loyalität – Es gibt zwei Arten von Menschen auf der Welt: Freunde und die anderen. Sizilianer sind bedingungslos loyal. Wenn ein Freund anruft und sagt: »Ich brauche auf der Stelle 1000 Dollar.« Oder: »Ich muss bei dir schlafen, weil meine Frau mich rausgeworfen hat«, hilft man ihm weiter. Fragen werden nicht gestellt.

Elefanten sind nichts dagegen – Sizilianer vergessen nie: Sie mögen *vielleicht* vergeben, aber sie vergessen nichts. Wenn man sie verletzt, schlagen sie nicht unbedingt sofort zurück. Sie warten und rächen sich, wenn man es am wenigsten erwartet. Derjenige, der sagte, Rache sei ein Gericht, das man am besten kalt genießt,

muss dabei wohl an die Sizilianer gedacht haben. Es kann passieren, dass ein Sizilianer wegen einer winzigen Beleidigung 40 Jahre lang nicht mit einem Verwandten spricht. Man kann sich vorstellen, wie schwierig sich die Tischordnung für ein Hochzeitsbankett gestaltet.

Dinge regeln – Auf Italienisch heißt das *Cia rangiano* (tscha-rahn-dschah-no), etwa: »Wir werden etwas arrangieren.« Egal wie schwierig das Problem, wie unerfreulich die Situation, Sizilianer glauben, dass es einen Weg gibt, alles zu richten. Sie besitzen auch einen angeborenen Großmut, den Wunsch, anderen Menschen zu helfen. Seien es nun unerwartete Gäste zum Abendessen oder wirklich weltbewegende Fragen – ein Sizilianer wird einen Weg finden, die Sache zu richten.

Diskretion – Wasche deine schmutzige Wäsche nicht in der Öffentlichkeit; traue nur Menschen, die wirklich deine Freunde sind. Man kann über bedeutungslose Dinge tratschen und klatschen, aber wirklich wichtige Dinge werden mit absoluter Diskretion behandelt.

Zähigkeit, Gleichmut – Sizilianer sind Überlebenskünstler. Sie wissen, dass das Leben schwer sein kann. Sie haben viel durchgemacht und sind erfinderisch. Schließlich sind sie im Lauf der Jahrhunderte von fast jedem erobert worden: Griechen, Römern, Sarazenen, Normannen, Aragoniern, Deutschen.

3

Nudeln

pasta

Antoinette und Michelle Quagliariello, die Eltern meiner Urgroß-mutter; hinter ihnen ihre Schwester Mary.

Es dürfte schwer fallen, eine Familie in Neapel oder Sizilien zu finden, die nicht wenigstens einmal am Tag Pasta isst. Da die Italiener so gerne und häufig Nudeln essen, haben sie eine unüberschaubare Anzahl von Variationen sowohl der Nudelformen als auch der dazugehörigen Saucen erfunden. Ein gutes Beispiel sind die Gemelli al Pappone. Die *gemelli* (Zwillinge) haben eine recht ungewöhnliche Form, die Sauce besteht aus einer raffinierten und kontrastreichen Kombination aus knusprig frittierten Zucchini und Basilikumcreme. Daneben dürfen wir aber die klassischen Pastagerichte nicht vergessen. Sie mögen nur allzu bekannt scheinen, aber das hat einen guten Grund: ihre schlichte Eleganz und ihr unglaublich köstlicher Geschmack. Ich versuche gerne, diese Klassiker abzuwandeln, indem ich zum Beispiel Linguine in Muschelsauce mit etwas Pancetta veredle.

In der Regel wird Pasta als Vorspeise im Rahmen eines mehrgängigen italienischen Menüs gereicht. Bei besonderen Anlässen – sonntags oder an Fest- und Feiertagen – werden davor noch *antipasti* serviert. Ich glaube, viele meinen, dass die Italiener regelmäßig riesige Mengen Pasta essen, auf die mehrere weitere Gänge mit viel Fleisch, Gemüse und Süßspeisen folgen. Nichts liegt der Wahrheit ferner! Will man einen Italiener beleidigen, braucht man ihm nur einen großen Teller Makkaroni, in Sauce schwimmend, vor die Nase zu setzen. In Amerika neigen wir dazu, den Begriff *abbondanza* misszuverstehen; er hat absolut nichts mit Völlerei zu tun. Wir glauben immer, mehr sei besser und das Restaurant mit den größten Portionen müsse auch das überragendste sein. In Italien ist das zwischen *antipasto* und Hauptgang servierte Nudelgericht nicht mehr als eine halbe Portion. Der häufigste Fehler – neben dem Weichkochen der Nudeln – ist, sie in Sauce zu ertränken.

Je weiter man in Italien nach Süden kommt, desto häufiger findet man überbackene Pastagerichte wie Penne alla Norma oder Timballo di Mulinciani e Pasta. Diese Gerichte sind herzhafter und schwerer und werden daher auf beiden Seiten des Atlantiks meist als Hauptgang serviert.

Das rechte Paar sind meine Urgroßeltern Antoinette Quagliariello und Andrea Pesce.

Ein paar Hinweise, wie man Pasta kocht

Pasta richtig zu kochen ist eine grundlegende und absolut wesentliche Technik der echten italienischen Küche. Wie oft wurde schon wortreich darüber geschrieben, wie man Nudeln exakt *al dente* kocht, sodass sie weder zu fest noch zu weich, noch matschig werden? Und wie viele unaufmerksame Köche aller Erfahrungsstufen haben schon die Anleitung missachtet und die Pasta verkocht? Im Grunde ist es so einfach – und doch so schnell falsch gemacht.

Der häufigste Fehler besteht darin, die perfekt gekochten Nudeln wieder in den heißen Topf zu geben und dort warm zu halten. Auch nachdem die Hitze ausgeschaltet und die Pasta abgetropft ist, gart sie weiter, besonders dann, wenn man sie warm stellt. Hier ist perfektes Timing unerlässlich. Man muss planmäßig vorgehen, die Kochzeit der jeweiligen Nudelart richtig einschätzen und den Garzustand während des Kochens überprüfen. Man kann nicht einfach aus der Küche gehen und erwarten, dass am Ende ein Topf voller perfekt gekochter Pasta dasteht. Je nach Dicke und Größe benötigen die Nudeln 6–14 Minuten, bis sie gar sind.

Beachten Sie die Anleitung auf der Packung, aber verlassen Sie sich im Zweifel mehr auf Ihren Instinkt und Ihre Erfahrung. Hin und wieder werden nämlich 12 Minuten Kochzeit angegeben, aber Sie wissen, dass 10 Minuten vollauf genügen.

Sobald die Pasta *al dente* ist (was durchaus früher sein kann als angegeben), muss man sie abgießen, in eine Schüssel geben, mit der Sauce mischen und sofort servieren. Die Schüssel sollte dampfend auf den Tisch kommen, damit die wundervollen Aromen den Raum durchziehen und die Vorfreude richtig steigern können. Wenn Ihre Freunde oder Verwandten noch nicht am Tisch sitzen, ist es eben ihr Schaden. Sie sollten sie nicht an den Tisch treiben müssen, während Sie gleichzeitig versuchen, das Essen aufzutragen.

Getrocknete Pasta gibt man in reichlich gesalzenes und sprudelnd kochendes Wasser. Entgegen der landläufigen Meinung ist es nicht nötig, Öl ins Wasser zu geben; rühren Sie die Pasta einfach um, damit sie nicht aneinander oder am Topf klebt – Sie müssen ohnehin während des Kochvorgangs dabeibleiben.

Pasta braucht relativ viel Wasser zum Kochen. Als Faustregel nimmt man 4,5 Liter Wasser pro 500 Gramm Pasta. Auf

Geneva Quagliariello

diese Menge Wasser kommt eine gute Hand voll Salz. Sie können den Topf zudecken, um das Wasser schneller zum Kochen zu bringen, müssen aber den Deckel abnehmen, sobald die Pasta im Wasser ist, damit sie nicht überkocht.

Auch das Verhältnis von Sauce zu Pasta ist sehr wichtig. Es ist besser, die Pasta zunächst mit wenig Sauce zu mischen. Sie können immer noch mehr dazugeben. Das Wesentliche ist hier die Pasta; die Sauce ist die Ausschmückung. Das Mischungsverhältnis sollte immer zugunsten der Pasta ausfallen.

Sauce und Pasta sollten erst unmittelbar vor dem Servieren gemischt werden, sodass die Nudeln leicht und gleichmäßig mit Sauce überzogen sind. Die Sauce oben auf der Pasta zu servieren sieht zwar nett aus, aber das ist auch alles: ein alter Trick, mit dem Restaurants ihre Gäste durch die Präsentation beeindrucken wollen.

Frische Pasta wird 2–3 Minuten in sprudelnd kochendes Wasser gegeben. Hier müssen Sie besonders sorgfältig darauf achten, dass die Kochzeit nicht zu lang ist. Möglicherweise braucht sie sogar weniger als 2 Minuten, und wenn sie erst einmal zu lange im Wasser gewesen ist, ist alles zu spät.

Cavatelli al Sugo di Pollo

Cavatelli mit Hühner-Ragù

Wie schon erwähnt, zählen Cavatelli zu meinen Favoriten unter den Nudelformen. Am liebsten mag ich sie frisch, aber getrocknet sind sie auch sehr gut. Sie besitzen eine großartige Konsistenz, und vor allem halten sie die Sauce gut. Als ich ein Kind war, hat meine Großmutter häufig extra für mich einen Teller Cavatelli nebenbei gekocht, auch wenn sie eigentlich ganz andere Pasta zubereitet hatte. Diese Sauce mit Hühnerfleisch ist die perfekte Ergänzung zu Cavatelli.

3 EL Olivenöl *(extra vergine)*

1 Huhn (ca. 1,5 kg), in 16 gleich große Stücke geschnitten

3 rote Zwiebeln, geschält und gehackt

1 Prise zerstoßene getrocknete Chilischoten

1 kg sehr reife frische Tomaten, durch ein Passiersieb gestrichen

2 EL Tomatenmark

2 großzügige Prisen Safran

21 frische Basilikumblätter, in dünne Streifen geschnitten

Salz und frisch gemahlener schwarzer Pfeffer

500 g Cavatelli

frisch geriebener Pecorino romano

Olivenöl in einem gusseisernen Topf bei mittlerer Temperatur erhitzen und Hühnerstücke 12 Minuten von allen Seiten goldbraun braten. Mit einem Schaumlöffel herausheben. Zwiebeln mit dem Chili ins Öl geben und 10 Minuten glasig braten. Tomaten und Tomatenmark zugeben und gut verrühren. Safran zufügen und 3–4 Minuten kochen lassen. Huhn zusammen mit dem Basilikum wieder in den Topf geben, Temperatur reduzieren und 30 Minuten köcheln lassen. Mit Salz und Pfeffer abschmecken.

In der Zwischenzeit Pasta *al dente* kochen und abgießen. Dann mit der Sauce mischen und mit Pecorino zum Bestreuen servieren.

Für 8 Personen

Pecorino

Neben dem unbestrittenen Star des italienischen Käse, dem Parmesan, hat Italien noch viele weitere großartige Sorten zu bieten. Eine davon ist der Pecorino. *Pecora* ist das italienische Wort für Schaf, Pecorino ist also ein Käse aus Schafsmilch.

Es gibt mehrere regionale Varianten von Pecorino. Eine der besten stammt aus der Toskana, und es gibt ihn »frisch« oder gereift. Der frische Pecorino ist mild im Geschmack, halbfest und cremig. Je länger er reift, desto schärfer, trockener und salziger wird er. Wenn er hart genug zum Reiben ist, bezeichnet man ihn als *grana*, was gemeinhin hart und körnig bedeutet. Wenn man in Italien in einen *alimentari*, ein Lebensmittelgeschäft, geht und nach *grana* fragt, bekommt man meistens einen parmesanartigen Käse, wahrscheinlich aber keinen hochwertigen Parmigiano Reggiano mit kontrollierter Herkunft. Oder vielleicht reicht einem der Verkäufer auch ein schönes Stück reifen Pecorino.

Der berühmteste Pecorino ist der *pecorino romano*, häufig kurz als Romano bezeichnet. Das Original stammt aus der Provinz von Rom, aber es gibt auch viele Imitationen. Es handelt sich dabei um einen trockenen, sehr scharfen und salzigen Käse, der meist statt Parmesan zum Reiben verwendet wird. Ein besonders hochwertiger Pecorino namens *pecorino sardo* kommt von der Insel Sardinien. Der vollmundige, salzige und milde Käse schmeckt hervorragend zu knackig frischen dicken Bohnen. Zusammen mit einem schönen Bauernbrot ist er das perfekte Picknick.

Natürlich bin ich voreingenommen, aber für mich ist der beste Pecorino der *pecorino siciliano*, von dem es mehrere Varianten gibt. Eine davon nennt sich *incanestrato*, was »in den Korb gelegt« heißt. Der Käsebruch wird tatsächlich in Körbe gelegt, damit die Molke abtropfen kann, und diese hinterlassen ein charakteristisches Gittermuster auf dem Käse. *Pepato* ist eine Version mit einer Schicht schwarzer Pfefferkörner in der Mitte.

Conchiglie al Sugo di Carne

Muschelnudeln mit Wurst und Sahnesauce

Conchiglie (Kon-kieh-lie-e) bedeutet auf Italienisch Muschelschalen. Sollten Sie je Schwierigkeiten haben, Ihre Kinder zu einem gesunden Pastagericht zu überreden, versuchen Sie es damit, ihnen die Nudelformen zu erklären: die Muscheln, Schmetterlinge, Fliegen, Stifte, die kleinen Ohren und sogar die »Priesterwürger« (*strozzapreti*).

2 EL natives Olivenöl

1 EL Butter

2 EL Zwiebel, sehr fein gehackt

250 g Luganega, aus dem Darm gelöst und zerkrümelt (siehe Hinweis)

Salz und frisch gemahlener schwarzer Pfeffer

170 g Crème double

500 g Conchiglie

frisch geriebener Parmesan

Olivenöl und Butter in einen Topf geben. Butter bei mittlerer Hitze zerlassen. Wenn sich der Schaum setzt, Zwiebel goldgelb braten. Wurst hineingeben und weitere 10 Minuten braten. Mit wenig Salz und Pfeffer abschmecken, Crème double zugeben und unter ständigem Rühren kochen, bis die Sauce andickt.

Pasta *al dente* kochen, gut abtropfen und mit der Sauce durchmischen. Sofort mit Parmesan zum Bestreuen servieren.

Für 4 Personen

Hinweis: Luganega ist dünner als die normale italienische Wurst und wird zur Spirale aufgewickelt verkauft.

Gemelli al Pappone

Gemelli mit cremiger Zucchini-Basilikum-Sauce

Zucchini sind ein wunderbares, gesundes Gemüse, das leicht im eigenen Garten zu ziehen und auf jedem Markt und in jedem Gemüseladen zu kaufen ist. Leider schmecken sie in vielen Gerichten langweilig und neigen dazu, in Saucen zu zerfallen und unschön auszusehen. In diesem schnellen und köstlichen Familienrezept aus Neapel werden die Zucchini goldbraun und knusprig frittiert (wodurch sie ganz bleiben) und bilden einen interessanten Kontrast zur cremigen Konsistenz der Sauce.

500 g Zucchini

Pflanzenöl zum Frittieren

500 g Gemelli

3 EL Butter

2 EL Olivenöl *(extra vergine)*

1 TL Mehl, in 250 ml Milch aufgelöst

Salz und frisch gemahlener schwarzer Pfeffer

50 g frisches Basilikum, grob gehackt

1 Eigelb, verquirlt

50 g frisch geriebener Parmesan

100 g frisch geriebener Pecorino romano

Zucchini gründlich waschen und in ca. 7 cm lange und 3 mm dicke Stifte schneiden. Pflanzenöl 1,5 cm hoch in einen gusseisernen Topf füllen und bei mittlerer bis hoher Temperatur erhitzen. Zucchinistifte rundum goldbraun frittieren. Auf Küchenpapier abtropfen lassen.

Pasta *al dente* kochen. Währenddessen die Hälfte der Butter mit dem Olivenöl in einer Kasserolle zerlassen. Milchmischung einrühren. Unter ständigem Rühren Zucchini, Salz, Pfeffer und Basilikum zugeben. 3 Minuten kochen, dann von der Hitze nehmen und restliche Butter unterziehen. Ei kräftig einrühren und zum Schluss beide Käse zufügen.

Nudeln abtropfen lassen, gut mit der Sauce mischen und servieren.

Für 4 Personen

Der neapolitanische Dialekt

Wenn Sie die Gerichte einer Region kochen wollen, müssen Sie sich mit der Kultur, also der Musik, der Sprache, der Schönheit der Landschaft und den Eigenarten ihrer Menschen beschäftigen. Das heißt nicht, dass man nicht richtig italienisch kochen kann, ohne vorher einen Sprachkurs absolviert zu haben, aber man sollte ein Gefühl für die Dinge haben, bevor es ans Kochen geht. Viele Italoamerikaner der zweiten und dritten Generation können vielleicht nicht ordentlich Italienisch sprechen, aber wir tragen das Gefühl für unsere Dialekte tief im Herzen; die Klänge und Rhythmen, die Sprachmuster sind ein Teil von uns, den ich Ihnen vermitteln möchte.

Es gibt viele Ähnlichkeiten zwischen Neapolitanern und Sizilianern. Die Wörter mögen völlig verschieden sein oder unterschiedliche Abweichungen von der Schriftsprache aufweisen, aber der Geist dahinter ist der gleiche. Beide Dialekte werden mit Humor, Schwung, Lebensfreude und einem Gespür für die Mühen und Ironien des Lebens gesprochen. Besucht man Neapel – oder jeden anderen Ort, an dem Neapolitaner in größerer Zahl leben –, fällt sofort das Straßentheater auf, das einen so großen Teil des neapolitanischen Lebens ausmacht. Schreien, Rufen, Schimpfen, Fluchen, Bitten, Schmeicheln und Blödeln – all die kleinen Dramen – sind Teil der angeborenen Extrovertiertheit, die sich im Dialekt ausdrückt.

Im Neapolitanischen werden die Wörter gerne verkürzt; die Ausdrucksweise ist knapp und direkt, und wie im Sizilianischen werden bestimmte Ausdrücke ausgeschmückt, allerdings mit einer ganz eigenen Note. Aus *andiamo ce'ne* (an-di-*a*-mo tsche-*ne*), was »Gehen wir« heißt, wird *iamo c'en* (ia-mu-*dschen*). *Vuoi andare* (vuoi an-*dah*-re), »Möchtest du gehen?«, wird zu *vuoi-i* (vuoi-*ih*). *Dov'è?* (»Wo ist?«, dohv-*eh*) verwandelt sich in *a'do'e* (a-*doh*-eh). Wie das Sizilianische lässt sich auch das Neapolitanische kaum schriftlich wiedergeben. Beim Sprechen fällt häufig der Abschlussvokal weg.

Hier einige Beispiele für neapolitanische Wörter: Aubergine, in der Schriftsprache *melanzana* wird zu *mulignane* (muh-lin-*dschahne*); Tomate, *pomodoro*, wird zu *pomorolo*; Zucchini heißt *cucuzielle*; Muscheln, *cozze*, sind *cozziche*; Petersilie, *prezzemolo*, ist *prutusina* (ähnlich dem sizilianischen *petrosino*); Sellerie, *sedano*, wird zu *l'accia* (la-tscha), was ziemlich nah am sizilianischen *acciu* (atschu) liegt; Basilikum, *basilico*, verwandelt sich in das lieblichere *a'vasinicola*; Artischocken, *carciofi*, werden im Neapolitanischen zu *carcioffol* abgekürzt, während sie im Sizilianischen *caccuocioli* heißen.

Das Neapolitanische wird mit einem romantischen, singenden Tonfall gesprochen und eignet sich daher wunderbar für Gesang. Eines der berühmtesten Lieder nach *Santa Lucia* ist Mario Merolas Version von *Che Bello a'Magna'* (Es ist schön zu essen), einer urkomischen Weise über die Völlerei. Versuchen Sie, eine Aufnahme davon zu finden, und spielen Sie sie, wenn Sie nach meinen Rezepten kochen.

Hier noch einige charakteristische Redensarten, um Ihnen das Gefühl für die Sprache zu vermitteln:

Brutt' comm' o' peccat' (*Bruht* koh-mo peh-*kaht*) – Hässlich wie die Sünde.

Nu' sputa ngiel ca facc' te torna (nuh-*schpuht* n-jell kah-*fatch* teh-*torn*) – Spuck nicht gegen den Wind (wörtlich: Spuck nicht in den Himmel, es kommt zurück in dein Gesicht).

A cchiu furb' e na volpe (ah-*kiu* fuhrb eh-na volp) – Verrückt wie ein Fuchs.

Malata comme' nu cane (ma-*lah*-ta *koh*-meh niu-*kah*-neh) – Krank wie ein Hund.

Doldo' s'mang buon acca'tuorn (*Dol*-doh seh-*mahnge* boun acka-*torn*) – Wo kann man hier gut essen?

Piscator' chi pigliatu (*Pihsch*-ka-tor ki *pi*-liah-tuh) – Hey, Fischer, was hast du gefangen?

Penne ai Carciofi

Penne mit herzhafter Artischockensauce

Artischocken sind in ganz Italien beliebt, und da es in der Saison häufig eine Schwemme gibt, kann man Rezepte wie dieses gut gebrauchen. Ich liebe den Geschmack von Artischocken. Wie der von Fenchel ist er einzigartig und nicht jedermanns Sache – man mag ihn, oder man mag ihn nicht. Dieses Rezept betont den feinen Artischockengeschmack, statt ihn zu überdecken.

Man kann dieses Gericht auch mit tiefgekühlten Artischockenherzen zubereiten (das tun selbst Drei- oder Vier-Sterne-Köche in Frankreich, wo ich meine Lehre machte), und es schmeckt immer noch ausgezeichnet. Nehmen Sie bloß keine Artischocken aus der Dose – die schmecken nach Metall. Und kochen Sie sie nie in einem Aluminium- oder gusseisernen Topf: auch hier nehmen sie den Metallgeschmack an. Ein letzter Tipp: Versuchen Sie diese Sauce zu Grillhähnchen. *Delizioso*!

250 g getrocknete dicke Bohnen, über Nacht eingeweicht

grobes Meersalz

4 große Artischocken

1 Zitrone

150 g Prosciutto, gewürfelt

300 g süße italienische Wurst, aus dem Darm gelöst

3 Knoblauchzehen, geschält

20 Stängel frische glatte Petersilie, nur die Blätter

125 ml Olivenöl *(extra vergine)*

500 g reife Eiertomaten, geschält, entkernt und gehackt

375 ml Hühnerbrühe (Seite 216)

Salz und frisch gemahlener schwarzer Pfeffer

500 g Penne

frisch geriebener Parmesan

Bohnen 30 Minuten in sprudelnd kochendem Salzwasser kochen. Schälen und weitere 30 Minuten in leicht gesalzenem Wasser einweichen. Die harten äußeren Blätter und das Heu im Inneren der Artischocken entfernen. Zitrone auspressen und Saft in eine Schüssel mit genügend kaltem Wasser geben, um alle Artischocken zu bedecken. Artischockenherzen in 2 ½ cm große Würfel schneiden und kurz ins Zitronenwasser legen, damit sie sich nicht verfärben.

Artischocken, Prosciutto, Wurst, Knoblauch und Petersilie im Mixer grob zerkleinern. Olivenöl in einem Topf bei mittlerer Temperatur erhitzen und die zerkleinerten Zutaten 15 Minuten unter Rühren braten. Tomaten, abgetropfte Bohnen und Brühe zugeben, mit Salz und Pfeffer abschmecken und 30 Minuten kochen, bis die Bohnen zu zerfallen beginnen.

Pasta *al dente* kochen und mit Parmesan zum Bestreuen servieren.

Für 8 Personen

Palle di Tagliolini

Knusprige gefüllte Nudelbällchen

Dieses Rezept stammt von mir. Ich habe mich dabei von den kleinen, frittierten Köstlichkeiten inspirieren lassen, die man in Süditalien und Sizilien so gerne serviert. Diese Bällchen sind durch die Verwendung von Tagliolini etwas ungewöhnlich, dünnen Nudeln, die mit Balsamella und Käse zu einem Teig verarbeitet werden. Bei der herzhaften Füllung können Sie Ihrer Phantasie freien Lauf lassen, indem Sie zum Beispiel den Schinken durch gehackte Wurst oder sogar Krabben ersetzen. Dieses Gericht serviert man am besten als *antipasto* oder als Pastagang.

Für die Füllung:

120 g Butter

120 g junge Erbsen, frisch oder gefroren

Salz und frisch gemahlener schwarzer Pfeffer

150 g dünn aufgeschnittener Prosciutto, gewürfelt

350 g grob geriebener Mozzarella

Für die Pasta:

600 g frische Tagliolini

1 Rezept Balsamella (Seite 216)

350 g frisch geriebener Parmesan

50 g frische glatte Petersilie, gehackt

3 Eier

Pflanzenöl, zum Frittieren

Semmelbrösel

FÜLLUNG: Alle Zutaten mit 125 ml Balsamella in eine Schüssel geben und gründlich verrühren. Auf die Seite stellen.

PASTA: Tagliolini 1 Minute in einem Topf mit sprudelndem Salzwasser kochen, gut abtropfen lassen und wieder in den Topf geben. 300 g der Balsamellamischung mit Parmesan und Petersilie mischen und zur Pasta geben. Gut durchrühren und abkühlen lassen; dabei hin und wieder umrühren, damit die Mischung nicht am Topf ansetzt. Eier in einer Schüssel verquirlen und gründlich unter die Pasta rühren.

Je eine kleine Hand voll Pastateig zu einem Pfannkuchen formen. Einen großen Esslöffel der Füllung in die Mitte des Pfannkuchens geben und den Teig um die Füllung zu einem Bällchen zusammendrücken. Auf einen Teller legen und weitere Bällchen formen, bis die ganze Füllung verbraucht ist.

Öl 5 cm hoch in einen Topf füllen und erhitzen. Semmelbrösel auf einen flachen Teller streuen und jedes Bällchen darin wälzen. Die Bällchen bei mittlerer Hitze 4–5 Minuten goldbraun frittieren. Auf Küchenpapier abtropfen lassen und heiß servieren.

Ergibt 16 Bällchen

Tomaten aus San Marzano

NUR DIE ALLERBESTEN!

In der fruchtbaren, sonnenverwöhnten Ebene südlich von Neapel wachsen Tomaten, die zu den besten Italiens, wenn nicht gar der Welt gehören. Hier im Zentrum des Tomatenanbaugebiets in und um San Marzano findet man alle Bereiche der Tomatenindustrie: Bauern, Großhändler, Spediteure, Verpackungsfabriken und den Markt. Im Norden türmt sich die Silhouette des Vesuv auf. Im Südwesten liegt die Halbinsel Sorrent, deren steile Felsküste sich Hunderte von Metern aus dem klaren blauen Meer erhebt; Im Südosten liegen die schroffen Berge von Irpinia, die sich von Avellino vorbei an Sant'Angelo di Lombardi, der Heimat meiner Vorfahren, erstrecken.

In den Städten und Dörfern um San Marzano kann man italienischen Erfindungsgeist und Fleiß bewundern. Wie in Italien üblich ist die Region stark bevölkert und chaotisch, voller Leben und sehr produktiv. Wenn man den Blick über das Tal zu den Bergen hin schweifen lässt, sieht man die Dächer Hunderter, wenn nicht Tausender von Gewächshäusern, *serre* genannt, die die wertvollen Pflanzen vor den rauen Winterwinden schützen. Die großen ebenso wie die kleinen Bauern bauen eine Vielzahl verschiedener Produkte an. Hier kann man kleinste Familienbetriebe finden, auf denen Mutter, Vater, Großeltern und Kinder arbeiten und 15 verschiedene Feldfrüchte anbauen, und direkt daneben einen modernen Großbetrieb mit ausgedehnten Gewächshäusern, in denen Tomaten und Paprika nach den neusten Methoden kultiviert werden.

Die Tomaten aus San Marzano sind zweifellos die besten für die Zubereitung von

Saucen. Etwas verwirrend ist allerdings, dass San Marzano sowohl die Bezeichnung einer Tomatensorte als auch der Name der Hauptstadt des Anbaugebiets ist. So kann man San-Marzano-Tomaten aus San Marzano bekommen oder San-Marzano-Tomaten aus dem nahe gelegenen San Valentino Torio, aber genauso gut auch Roma-Tomaten aus San Marzano.

San Marzano und Roma sind Eiertomaten, so genannt wegen ihrer mehr oder weniger ovalen Form. San-Marzano-Tomaten haben eine kleine Einbuchtung in der Mitte und laufen unten leicht spitz zu. Sie sind schmaler und nicht so voll und saftig wie die Roma, besitzen mehr Fruchtfleisch und weniger Kerne und Flüssigkeit. Aber der wichtigste Unterschied ist nach Meinung der Experten, dass sie nicht so süß sind.

Da die dunkle Vulkanerde der Gegend um San Marzano besonders nährstoffreich, gut belüftet und dräniert ist, reifen die Tomaten dort wesentlich schneller als andernorts. Es kann sein, dass eine San-Marzano-Pflanze in San Marzano selbst in nur 2 Monaten voller reifer Früchte steht, während ihre Verwandte in Ihrem Garten dazu 3 Monate oder länger benötigt.

Es mag Sie auch verwirren, dass so viele italienische Rezepte Tomaten aus der Dose verwenden. Das liegt nun nicht daran, dass die Zubereitung vereinfacht oder verkürzt werden soll, sondern daran, dass Tomaten aus der Dose je nach der Sorte und dem Boden, auf dem sie gewachsen sind, qualitativ besser sein können als die frisch beim Gemüsehändler gekauften und tatsächlich eine schmackhaftere Sauce ergeben.

Fusilli 'Ninsalata

Pastasalat mit Oliven und Kapern

Als meine Frau Geri und ich uns verlobten, wollte sie ein großes Essen für unsere beiden Familien kochen, damit man sich kennen lernen konnte. Sie bereitete diesen Salat speziell für meinen Vater zu. Alle kamen und zeigten, von meinem sizilianischen Vater eingeschüchtert, ihr bestes Benehmen: keine anzüglichen Witze, keine Fleischbällchen als Wurfgeschosse.

Mein Vater thronte am Kopfende der Tafel. Nachdem er Geris Pastasalat gegessen hatte, klopfte er mit der Gabel an sein Glas. Schlagartig wurde es still im Raum. Niemand wagte sich auch nur zu räuspern. In seinem ganz eigenen Englisch sagte er: »Ich möchte Geri etwas fragen. Von allen Kräutern in der ganzen Welt, welches ist das beste für den Mann?« Alle hörten auf zu essen, und alle Augen richteten sich auf Geri. Sie ließ den Blick durch den Raum schweifen und erkannte, dass dies ein wichtiger Moment war – vielleicht der wichtigste in ihrem Leben. Sie holte tief Luft und sagte: »Basilikum?« Die darauf folgende Stille schien endlos. Schließlich schlug mein Vater mit der Faust auf den Tisch und rief: »Sie hat recht!« Applaus brandete auf, die Musik spielte wieder, und unser Hund Gino wurde ohnmächtig.

Die spiralförmigen Fusilli sind, nebenbei bemerkt, hervorragend für Salate geeignet, da sie dank ihrer Form die Sauce besonders gut aufnehmen können.

20 g frische Minzeblätter

20 g frische Basilikumblätter (siehe Hinweis)

2 EL frische glatte Petersilienblätter

2 Knoblauchzehen, geschält

Saft von 2 Zitronen

125 ml Olivenöl *(extra vergine)*

1 großer Zweig frischer Oregano, abgezupft

500 g Fusilli

100 g frische Eiertomaten, gewürfelt

12 sizilianische Oliven, entkernt und geviertelt

1 EL Kapern, gründlich gespült

Für das Dressing Minze, Basilikum, Petersilie und Knoblauch im Mixer zerkleinern. Bei laufendem Motor Zitronensaft hineingießen, Olivenöl einträufeln und Oreganoblätter einstreuen. In einer Schüssel auf die Seite stellen.

Fusilli *al dente* kochen. Unter kaltem Wasser abschrecken und gut abtropfen lassen. Mit Tomaten, Oliven und Kapern in die Schüssel mit dem Dressing geben, mischen, mit einer Basilikumspitze garnieren und zimmerwarm servieren.

Für 4 Personen

Hinweis: Heben Sie eine große Spitze eines Basilikumzweigs zum Garnieren auf.

Pasta e Ceci

Pasta und Kichererbsen

Als ich ein Kind war, versuchte meine Großmutter vergeblich, mich dazu zu bewegen, Kichererbsen zu essen. Vergeblich. Aber irgendwann habe ich eine wundersame Wandlung erlebt (siehe Seite 32). Heute liebe ich sie. Kichererbsen mit Pasta ist ein sizilianisches Gericht, das seine Wurzeln im Mittleren Osten hat. Mangold ist keine traditionelle Zutat, aber in Salemi bei Castellammare lebte eine alte Dame namens Antonetta, die mir dieses fantastische Rezept zeigte, und so habe ich es übernommen.

Teilen Sie sich Ihre Zeit gut ein, denn die Kichererbsen müssen über Nacht einweichen und mindestens 2 Stunden kochen.

- **400 g getrocknete Kichererbsen (siehe Hinweis)**
- **2 Zweige frischer Rosmarin**
- **3 Knoblauchzehen, geschält**
- **1 große Selleriestange, gewürfelt**
- **1 rote Zwiebel, geschält und gewürfelt**
- **1 kleine Möhre, geschält und gewürfelt**
- **Salz und frisch gemahlener schwarzer Pfeffer**
- **500 g Mangold, in 2 cm breite Streifen geschnitten**
- **300 g klein gebrochene Spaghettini oder kurze Suppennudeln**
- **3 EL Olivenöl (extra vergine)**
- **2 EL frische Petersilie, gehackt**

Kichererbsen mit kaltem Wasser bedeckt über Nacht einweichen. Abgießen, Topf auswaschen und Kichererbsen wieder hineingeben. Mindestens 5 cm hoch mit Wasser bedecken. Rosmarin zusammenbinden und zusammen mit

WIE MAN OLIVEN ENTKERNT

Man drückt die Flachseite einer breiten Messerklinge leicht auf die Oliven und quetscht die Kerne praktisch heraus. Wenn Sie viele Oliven entkernen müssen, wickeln Sie sie in ein Geschirrtuch (das ruhig Flecken bekommen darf), und zerdrücken Sie sie mit einer großen Pfanne oder einem Schneidebrett. Schlagen Sie das Tuch auf, und trennen Sie die Kerne von den Oliven. Anstelle eines Geschirrtuchs kann man einen reißfesten Gefrierbeutel verwenden.

Knoblauch, Sellerie, Zwiebel und Möhre in den Topf geben. Zugedeckt zum Kochen bringen und 2–2 ½ Stunden bei schwacher Hitze köcheln lassen, bis die Kichererbsen gar sind. Rosmarin herausnehmen.

Drei Viertel der Kichererbsen im Mixer pürieren und wieder in den Topf geben. Mit Salz und Pfeffer abschmecken, Mangold und die ganzen Kichererbsen hinzufügen und 3 Minuten kochen lassen, bis der Mangold zusammenfällt.

Pasta in sprudelnd kochendem Salzwasser *al dente* kochen, zu den Erbsen geben und gut durchrühren. Auf Suppenschalen verteilen, mit Olivenöl beträufeln und mit Petersilie bestreuen.

Für 6 Personen

Hinweis: Um Zeit zu sparen, kann man auch Kichererbsen aus der Dose nehmen.

Pasta con le Sarde

Pasta mit Sardinen

Jeder sizilianische Koch, der etwas auf sich hält, besitzt ein solches Rezept. Wäre Sizilien ein eigener Staat, hätte dieses die besten Chancen, zum Nationalgericht erklärt zu werden. Frische Sardinen, die meist vom Mittelmeer kommen, gibt es in gut sortierten Fischgeschäften zu kaufen, sie müssen aber möglicherweise vorbestellt werden.

Dieses Rezept habe ich von meiner Tante Philomena. Wie so viele sizilianische Frauen hatte sie nicht nur einen Schnurrbart, sondern auch eine Warze, auf der ein langes schwarzes Haar wuchs. Als Kinder haben wir uns immer an sie herangeschlichen und daran gezupft! Aber diese Frau konnte kochen!

Perciatelli sind dicke, hohle Spaghetti. Sie lassen sich durch jede andere hohle Nudelart ersetzen.

250 g frische mittelgroße Sardinen, filetiert

9 EL Olivenöl *(extra vergine)*

2 Knoblauchzehen, geschält und gehackt

170 g Tomatenmark

1 Zweig frischer Oregano, abgezupft

5 frische Basilikumblätter

3 EL Sultaninen

3 EL Pinienkerne, leicht geröstet

Salz und frisch gemahlener schwarzer Pfeffer

1 mittelgroße Fenchelknolle, Stiele abgeschnitten (siehe Hinweis)

500 g Perciatelli

100 g Semmelbrösel

frisch geriebener Pecorino romano

Die Sardinenfilets in ca. 2 cm große Stücke schneiden. 6 Esslöffel Olivenöl zusammen mit dem Knoblauch in einem großen Topf bei mittlerer Temperatur erhitzen und Knoblauch hell golden braten. Sardinen zugeben und 8–10 Minuten unter Rühren braten, bis sie zu einer Paste zerfallen.

Tomatenmark mit einem knappen Liter Wasser zugeben und die Mischung aufkochen. Oregano, Basilikum, Sultaninen und Pinienkerne zufügen, Temperatur reduzieren und mit Salz und Pfeffer abschmecken. Sauce 45 Minuten köcheln lassen, bis sie sämig wird.

Währenddessen einen großen Topf mit leicht gesalzenem Wasser bei starker Hitze zum Kochen bringen. Fenchel hineingeben und 45 Minuten kochen. Temperatur reduzieren und köcheln lassen, bis der Fenchel zart ist. Aus dem Topf nehmen, würfeln und der Sauce zufügen.

Pasta im Fenchelwasser *al dente* kochen. Gut abtropfen lassen und auf eine vorgewärmte Platte geben.

Während die Pasta kocht, das restliche Olivenöl in einem Topf bei mittlerer Temperatur erhitzen, Semmelbrösel goldbraun rösten und mit ein wenig Salz und Pfeffer würzen.

Pasta mit der Sauce mischen, mit Semmelbröseln bestreuen und mit Käse zum Bestreuen servieren.

Für 4 Personen

Hinweis: Die Fenchelknolle sollte kurz und dick sein; die langen, schmalen sind zu spät geerntet worden. Nur die dicken, festen Knollen haben den echten Biss und Geschmack.

Pasta con 'Scarola

Pasta mit Eskariol

In Brooklyn haben wir Eskariol (Winterendivie) immer mit Bohnen gegessen. In der Kombination mit Pasta ist es eines meiner Lieblingsgerichte.

Der charakteristische, leicht bittere Geschmack von Eskariol verschwindet beim Kochen. Achten Sie beim Kauf auf junge, kleine und zarte Köpfe. Wenn Sie keinen Eskariol bekommen, können Sie ihn jederzeit durch Chicorée ersetzen.

- **500 g zarte Eskariolblätter, geputzt und gründlich gewaschen**
- **250 g Spaghetti (oder Orecchiette oder jede andere Nudelform)**
- **125 ml Olivenöl** *(extra vergine)*
- **7 Knoblauchzehen, geschält und gehackt**
- **¼ TL zerstoßene getrocknete Chilischoten**
- **3 reife Tomaten, geschält, entkernt und gehackt**
- **Salz und frisch gemahlener schwarzer Pfeffer**
- **frisch geriebener Parmesan**

Die Eskariolblätter halbieren und 8 Minuten in einem großen Topf mit sprudelnd kochendem Salzwasser garen. Herausnehmen und Wasser im Topf lassen.

Spaghetti in Viertel brechen. Das Eskariolwasser wieder zum Kochen bringen und die Spaghetti darin *al dente* kochen. Abgießen, dabei knapp 400 ml des Wassers auffangen, und abtropfen lassen.

Olivenöl in einem großen Topf bei mittlerer bis hoher Temperatur erhitzen und Knoblauch 2 Minuten goldgelb braten. Chili und Tomaten zugeben und 4 Minuten köcheln lassen. Eskariol, Nudelwasser und Pasta zugeben und weitere 4 Minuten köcheln lassen, bis der Eskariol heiß ist. Mit Salz und Pfeffer abschmecken und mit Parmesan zum Bestreuen servieren.

Für 4 Personen

Pezze della Nonna

Großmutters gefüllte Pastataschen

Ich liebe dieses Gericht. Es ist eines der Rezepte, die seit Hunderten von Jahren von der Mutter an die Tochter weitergereicht werden. Es ist zwar etwas kompliziert, aber hier zeigt sich die Kunstfertigkeit der sizilianischen Küche. Eine Besonderheit ist die eigens für dieses Rezept erfundene Tomatensauce, eine andere die frische Pasta. Wenn Sie keine Zeit haben, sie für das Gericht frisch zuzubereiten, können Sie sie durch fertig gekaufte ersetzen.

Pezze bedeutet Stücke, sodass der Name des Rezepts, wörtlich übersetzt, Omas Stücke lautet. Er bezieht sich auf die gefüllten Nudeltaschen. Die Teigquadrate werden zu Dreiecken gefaltet, dann zwei Ecken so eingeschlagen, dass nur die dritte als Spitze bleibt.

Für die Tomatensauce

4 EL Olivenöl *(extra vergine)*

1 mittelgroße Zwiebel, geschält und gehackt

1 Selleriestange, gehackt

2 Knoblauchzehen, geschält und gehackt

1 Möhre, geschält und gehackt

8 Stängel frische glatte Petersilienblätter, gehackt

8 große Basilikumblätter, gehackt

1,5 kg reife Eiertomaten, grob gehackt

Salz und frisch gemahlener schwarzer Pfeffer

1 Rezeptmenge Balsamella (Seite 216)

Für die Füllung

1,5 kg frische Spinatblätter

grobes Meersalz

500 g Ricotta, gut abgetropft

1 Ei

3 Eigelb

200 g frisch geriebener Parmesan

frisch geriebene Muskatnuss

Salz und frisch gemahlener schwarzer Pfeffer

Für die Pasta

1,2 kg Mehl

4 Eigelb

3 EL kaltes Wasser

2 EL Olivenöl *(extra vergine)*

1 Prise Salz

TOMATENSAUCE: Olivenöl in einem gusseisernen Topf bei niedriger Temperatur erhitzen und Zwiebel, Sellerie, Knoblauch und Möhre 12 Minuten braten. Petersilie, Basilikum und Tomaten zugeben, den Topf zudecken und 45 Minuten köcheln lassen; dabei gelegentlich rühren, damit die Sauce nicht am Topfboden ansetzt. Die fertige Sauce durch ein Sieb passieren, mit Salz und Pfeffer abschmecken und warm stellen oder später wieder aufwärmen.

Balsamella zubereiten und warm stellen.

FÜLLUNG: Spinat gründlich waschen, gut abtropfen lassen und 3 Minuten in sprudelnd kochendem Salzwasser blanchieren. Unter kaltem Wasser abschrecken, gut abtropfen lassen und ausdrücken. Blätter fein hacken und mit Ricotta, Ei, Eigelb und Parmesan in eine Schüssel geben. Gründlich mischen und mit Muskat, Salz und Pfeffer abschmecken. Beiseite stellen oder, falls Sie die Füllung im Voraus zubereiten, im Kühlschrank aufbewahren.

Castellammare del Golfo

Wenn man die Stadt heute sieht, fragt man sich, warum jemand sie überhaupt würde verlassen wollen. Castellammare (der Name bedeutet Burg am Meer) liegt am Ende einer lang gestreckten, halbmondförmigen Bucht am gleichnamigen Golf. Es besitzt einen kleinen Hafen, der von einer alten Festung direkt am Meer beschützt wird.

Ich habe schöne Kindheitserinnerungen an Reisen nach Castellammare. Mein Vater besitzt immer noch ein Haus dort, und ich bin jedes Mal aufs Neue von der Schönheit und heiteren Ruhe des Ortes begeistert. Das soll nicht heißen, dass das Leben für die Menschen dort nicht hart wäre, und es war ganz bestimmt sehr hart, als meine Vorfahren beschlossen, ihr Glück in Amerika zu suchen. Heutzutage ist Castellammare ein verschlafenes Fischerstädtchen, das zum Teil vom Tourismus lebt.

Eine meiner schönsten Erinnerungen an Castellammare ist der Brauch der alten Frauen, Tomatenmark herzustellen. Sie stellen einfach einen riesigen Eisenkessel auf die Straße, entzünden ein Holzfeuer darunter und kochen die Tomaten den ganzen Tag langsam ein, bis sie zu einer dickflüssigen, hoch konzentrierten Paste werden.

Ich kann mich auch an Ausflüge in die braunen, grasbewachsenen Hügel hinter der Stadt erinnern. Dort pflückten wir wilde Beeren von den Sträuchern. Manchmal trafen wir auch die hart aussehenden, *lupi* (Wölfe) genannten Männer mit ihren typischen Schirmmützen und den umgehängten Schrotflinten, die ein paar Schafe hüteten.

Timballo di Mulinciani e Pasta

Timbale aus Aubergine und Macaroni

Einer meiner Großonkel hieß Pasquale. Er war bei der amerikanischen Armee, und die schickte ihn nach Texas. Der arme Pasquale – zu dieser Zeit hatte kaum jemand in Texas jemals einen Italiener gesehen, und sie wussten schon gar nicht, wie man seinen Namen richtig aussprach. Also nannten sie ihn einfach Pat. Meine Großmutter schickte ihm Pakete mit Salami, Käse, Brot und diesem Timbale, damit er bloß nicht vom Fleische fiel. Dann kam eines Tages der Befehl von seinem Sergeanten, sie sollte gefälligst damit aufhören, weil das Olivenöl immer über die gesamte restliche Post lief.

Dieses Gericht ist ein Fest für die Augen, und die gebräunten Semmelbrösel machen es unwiderstehlich knusprig.

2 mittelgroße Auberginen

Salz

3 EL Butter

100 g Semmelbrösel

natives Olivenöl zum Braten (siehe Hinweis)

500 g Perciatelli

750 ml beliebige Tomatensauce oder Marinarasauce (Seite 217)

2 große Zweige frischer Oregano, abgezupft

3 EL frisches Basilikum, gehackt

100 g frisch geriebener Parmesan, mit 100 g geriebenem Pecorino romano gemischt

frisch gemahlener schwarzer Pfeffer

Auberginen schälen und längs in 1 cm dicke Scheiben schneiden. In einen Durchschlag legen, reichlich salzen und mindestens 1 Stunde ziehen lassen, um den Auberginen Feuchtigkeit und Bitterstoffe zu entziehen. Trocken tupfen.

Eine 25-cm-Springform mit 1 Esslöffel Butter bepinseln und mit 2 Esslöffeln Semmelbrösel ausstreuen.

Auberginenscheiben in Olivenöl auf beiden Seiten bräunen und auf Küchenpapier abtropfen lassen. Boden und Wand der Springform überlappend mit Auberginenscheiben auslegen, sodass sie etwas über den Rand hängen. Genügend Scheiben für einen »Deckel« zurückbehalten.

Den Backofen auf 180 °C vorheizen.

Die Pasta in sprudelnd kochendem Salzwasser nicht ganz *al dente* kochen (sie wird im Ofen fertig gegart). Gut abtropfen lassen, wieder in den Topf geben und mit 500 ml Tomatensauce, Oreganoblättchen, Basilikum und Käse mischen. Mit Salz und Pfeffer abschmecken. Pasta in die Form geben, die überhängenden Ränder der Auberginenscheiben darüberschlagen und die Pasta mit den restlichen Scheiben bedecken. Gut andrücken, mit den restlichen Semmelbröseln bestreuen, Butterflocken darauf verteilen und 25 Minuten im Ofen goldbraun backen. Die restliche Tomatensauce erhitzen.

Form aus dem Ofen nehmen, einen Teller umgekehrt darauf legen und das *timballo* stürzen. Mit der Sauce übergießen und heiß servieren.

Für 8 Personen

Hinweis: Die Auberginenscheiben müssen in mehreren Portionen gebraten werden. Da sie viel Öl aufnehmen, sollten Sie mit 2–3 Esslöffeln Olivenöl pro Portion rechnen.

4

Fisch und
Meeresfrüchte

frutti
di mare

*Rechts mit der Zigarre
mein Großvater,
Leonard Lazzarino.*

Neapel ist eine wichtige Hafenstadt; es ist ein Verkehrsknotenpunkt, eine verrückte, vor Leben pulsierende Stadt und ein bedeutendes Zentrum des Tourismus. Aber seine klaren, blauen Gewässer beherbergen auch eine unglaubliche Vielfalt von Fischen und Meeresfrüchten.

Meeresfrüchte sind ebenso ein Grundbestandteil der neapolitanischen Küche wie Olivenöl, Knoblauch und Tomaten. Viele der folgenden Rezepte sind Varianten dieses fundamentalen Dreiklangs. Aber so einfach und bodenständig diese Rezepte auch sein mögen, ohne genaues Timing und absolut frische Zutaten werden Sie nie ihren herrlichen Möglichkeiten gerecht werden.

Die sizilianische Küche wird von Meeresfrüchten beherrscht, und die meisten der etwa 5 Millionen Sizilianer leben vom Meer. Ihre Fischmärkte mit den großen Meeresfischen wie Thun- und Schwertfisch sind unbedingt sehenswert. Hier findet man auch große Mengen frischer Sardinen, die mit einer Länge von 15–20 cm wesentlich größer sind als diejenigen, die wir aus den Dosen kennen.

I Pescatori

DIE FISCHER VON NEAPEL

In der Bucht von Neapel gehen die Fischer ihrem Tagesgeschäft nach wie schon seit Tausenden von Jahren. Aus den großen Häfen, wie dem von Sorrent, laufen die schweren Fischtrawler mit ihren motorgesteuerten Netzen aus und nutzen die neueste Technik, um die Meeresfrüchte so frisch wie möglich auf den Markt zu bringen. Besonders aber mag ich die Veteranen, die man in den kleineren Häfen und Buchten findet – Männer in den 70ern wie Pasquale, Ignazio und Aniello, die seit ihrem 15. oder 16. Lebensjahr auf Fischfang gehen. Es ist ein hartes Leben, und sie haben schon viel Fisch, aber nur wenig Geld gesehen. Wenn Sie ein bisschen Zeit mit ihnen verbringen, zeigen sie Ihnen ihr uraltes Handwerk und erzählen Ihnen ihre Geschichten.

Wie alle Fischer sind auch sie abergläubisch. Bei einer Ausfahrt haben wir uns neulich mit Ignazio Romano aus Marina di Puolo unterhalten. Zusammen mit seinem Partner Aniello di Leva setzt er die traditionellen Fangmethoden ein: Mit seinem Ruderboot beschreibt er einen engen Kreis, während er das Netz auslaufen lässt, und holt es anschließend mit einer Vielzahl kleiner Fische gefüllt wieder ein. Er erklärte uns eine alte Redensart: *Aferre fa bene, o forrone fa male* (Der weiße Delfin tut Gutes, der schwarze bringt Böses). Nach der Legende ist der weiße Delfin (*delfina bianca* oder *aferre*, wie er auf Neapolitanisch heißt) ein freundliches Tier, das auf die Fischer aufpasst und Menschen in Seenot zu Hilfe kommt. Der schwarze Delfin bedeutet hingegen Ärger. Er zerreißt Netze, raubt den Fang und bringt Unglück.

Eine meiner schönsten Erinnerungen an diese traditionellen Fischer ist ihre Art, Tintenfische zu fangen. Ich hatte geglaubt, die sizilianische *tonnara*, bei der auf offenem Meer Jagd mit der Harpune auf die großen Thunfische gemacht wird, sei aufregend – bis ich die Krakenfischer in der Bucht von Neapel erlebte. Sie rudern mit ihren kleinen Booten in die Bucht hinaus und lassen ihre Fallen – an Seilen befestigte Tontöpfe – ins Wasser hinab. Wenn die Kraken, die bis zu 10 kg wiegen können, in die Töpfe kriechen, um sich zu verstecken, ziehen die Fischer sie an Bord und beißen ihnen sofort zwischen die Augen, da sie sich sonst blitzschnell dem Griff entwinden und zurück ins Wasser gleiten. Woher ich das alles weiß? Ich bin mit ihnen hinausgefahren und habe ihnen zugesehen. Man glaubt es erst, wenn man es mit eigenen Augen gesehen hat.

Wie Kalmare müssen auch Kraken entweder sehr kurz in der Pfanne oder auf dem Grill gebraten oder längere Zeit bei schwacher Hitze geschmort werden. Einen Mittelweg gibt es nicht. Zunächst aber muss der Krake 2–3 Minuten in sprudelnd kochendes Wasser mit ein wenig Essig gelegt werden. Dadurch lockert sich die violette äußere Haut und kann abgezogen werden. Ich bereite ihn am liebsten auf dem Grill zu. Dazu mariniere ich ihn in etwas Zitronensaft, Olivenöl und Weißwein mit gehackten frischen Kräutern wie Majoran oder Oregano und einem Hauch zerdrücktem Knoblauch.

In der Bucht von Neapel findet man eine große Vielfalt an Fischen. Viele von ihnen sind klein und haben nicht viel Fleisch, aber sie machen Brühen und Suppen gehaltvoll und verleihen ihnen einen köstlichen Geschmack. Dazu zählen *merluzzo*, Seehecht, ein kleinerer Angehöriger der Kabeljaufamilie; *cernia*, Zackenbarsch; *scorfano*, ein Rotbarsch; *dentice*, Zahnbrasse; *orate*, Goldbrasse (*dorade* auf Französisch); *spigola*, Wolfs- oder Seebarsch; *alici*, große Sardellen; *sgombri*, Makrele; *triglia*, Seebarbe; *taccone*, eine kleine Flunder; *lucerna*, eine Art Dornhai – die Liste ist endlos.

Es gibt außerdem mehrere Krakenarten. *Calamari* sind die vertrauten Kalmare, aus denen die frittierten Ringe gemacht werden. Sie werden oft als Jungtiere angeboten: zart, saftig und nur wenige Zentimeter lang. *Totonni* sind Pfeilkalmare, eine größere Version der *calamari*. *Seppie* (Tintenfische) werden bis zu 40 cm lang und besitzen zehn Fangarme. Sie werden in ihrer eigenen violett-schwarzen Tinte gekocht und kommen meist in einer Pastasauce oder als *Seppie a la Venezia* (auf venezianische Art) auf den Tisch. Darüber hinaus findet man auch diverse Schaltiere: *aragosta*, einen Mittelmeerhummer mit kleinen Scheren, *gamberi*, Garnelen, und *scampi*, eine Garnelenart mit sehr süßem, zartem Fleisch.

Fritto Misto di Mare

Frittierte Meeresfrüchte

Fritto misto findet man in der einen oder anderen Form in nahezu jeder Kultur, die am und vom Meer lebt. Ich verbinde es vor allem mit Neapel und den umliegenden Städten. Es sollte nur aus den allerfrischesten Meeresfrüchten zubereitet werden.

Für dieses Rezept empfehle ich Stint, einen kleinen Fettfisch mit weißem, festem Fleisch. Eine andere Möglichkeit ist die Sprotte, ein kleinerer Fisch mit glänzenden Schuppen und einem hellen Silberstreifen an der Seite. Sie ist der bei uns an der amerikanischen Nordostküste am häufigsten verwendete Köderfisch beim Hochseeangeln. Natürlich eignet sich die Sprotte nicht nur als verlockender Snack für Thunfische, Schwertfische oder Haie, sondern auch als Delikatesse für den Menschen. Der in Italien *seppia* genannte Tintenfisch sieht aus wie ein großer Kalmar mit zusätzlichen Fangarmen. Er ist sowohl im Mittelmeerraum als auch in Asien sehr beliebt. Bei der Auswahl der Meeresfrüchte für dieses Rezept haben Sie völlig freie Hand und können auch Venusmuscheln, Austern, Miesmuscheln, Garnelen und natürlich Ihre Lieblingsfische verwenden. Ich beschränke mich bei der Auswahl gerne auf drei oder vier verschiedene Meeresfrüchte, aber wenn Sie vorhaben, ganze Horden von Gästen zu bewirten, tun Sie sich nur keinen Zwang an.

400 g Mehl

Salz und frisch gemahlener schwarzer Pfeffer

250 ml Milch

Pflanzenöl zum Frittieren

250 g Stinte oder Sprotten, geputzt

350 g Kalmare oder Tintenfische, geputzt und in 2–3 cm dicke Ringe geschnitten

120 g mittlere bis große Garnelen, geschält und vom Darmfaden befreit

1 großes Bund Rucola, gewaschen und getrocknet, zum Garnieren

2 Zitronen, in Spalten geschnitten

Mehl in eine Schüssel sieben, mit Salz und Pfeffer würzen und gut mischen. Milch in eine zweite Schüssel gießen. Öl ca. 7,5 cm hoch in einen Topf füllen und erhitzen. Jedes Meeresfruchtstück zunächst in Milch tauchen, dann im Mehl wenden und Überschuss abschütteln. Meeresfrüchte in kleinen Portionen bei mittlerer bis starker Hitze knusprig und goldbraun frittieren. Auf Küchenpapier abtropfen lassen, leicht salzen, auf einem Teller anrichten und mit Rucola und Zitronenspalten garnieren. Sofort servieren.

Für 4 Personen

Gamberi e Patate alla Napolitana

Garnelenauflauf mit Kartoffeln und Tomaten

Dieser Auflauf ist ebenso köstlich wie einfach zuzubereiten. Experimentieren Sie ruhig mit anderen Meeresfrüchten wie Hummer oder sogar Seezungenfilet. Es wird auf jeden Fall ein Genuss!

Das Gericht wird traditionell in der Weihnachtszeit serviert. Ich kann mich erinnern, wie meine Großmutter es einmal am Heiligen Abend zubereitete, als ich neun Jahre alt war. Ich besaß damals einen kleinen Kanarienvogel namens Lillo, der ein paar Tage vorher seinem Käfig entkommen und in den Weihnachtsbaum geflogen war. Nach mehreren fruchtlosen Versuchen, Lillo zurück in seinen Käfig zu locken, beschlossen wir, ihn dort zu lassen, wo er war. Futter und Wasser waren in seinem Käfig. Er würde schon zurückfliegen, wenn er hungrig wurde. Na klar! Ich wartete 3 Tage, und Lillo saß immer noch im Weihnachtsbaum. Am Heiligabend kam mein Onkel Ralph zu Besuch. Wie viele Italiener hielt sich Ralph für einen verhinderten Opernsänger. Nach ein paar Gläsern selbst gemachten Weins beschloss er, seine Version von *O sole mio* zum Besten zu geben. Nach dem dritten Takt floh der Hund mit eingekniffenem Schwanz in den Keller. Nach dem fünften Takt schoss Lillo aus dem Baum pfeilgerade in seinen Käfig. Danach musste ich die Käfigtür nie wieder schließen!

1 kg mittelgroße Garnelen, geschält und vom Darmfaden befreit

grobes Meersalz

Saft von 1 Zitrone

1 kg fest kochende Kartoffeln, geschält

250 ml Pflanzenöl zum Braten

Salz und frisch gemahlener schwarzer Pfeffer

1 kg reife Eiertomaten, in dünne Scheiben geschnitten

1 Prise zerstoßene getrocknete Chilischoten

20 frische Basilikumblätter

3 EL Olivenöl *(extra vergine)*

Geputzte Garnelen 30 Minuten in eine Schüssel mit Eiswasser, Salz und Zitronensaft legen.

Kartoffeln in 5 mm dicke Scheiben schneiden, unter kaltem Wasser waschen und gründlich trockentupfen. Pflanzenöl in einem Topf erhitzen und Kartoffelscheiben bei mittlerer bis starker Hitze 4 Minuten von jeder Seite goldgelb braten. Auf Küchenpapier abtropfen lassen.

Backofen auf 190 °C vorheizen.

Boden einer ofenfesten Form mit Öl einfetten. Die Hälfte der Kartoffeln in einer Lage in die Form geben, salzen und pfeffern. Die Hälfte der Tomaten darüber verteilen und mit Salz, Pfeffer und Chili würzen. Die Hälfte der Basilikumblätter darüber geben.

Garnelen abtropfen lassen, unter kaltem Wasser spülen und in einer Lage auf den Basilikumblättern verteilen. Mit Salz und Pfeffer würzen und mit 2 Esslöffeln Olivenöl beträufeln. Mit einer Lage Basilikumblätter, einer Lage Tomaten und schließlich einer Lage Kartoffeln bedecken, dabei jede Lage mit Salz und Pfeffer würzen. Mit dem restlichen Olivenöl beträufeln, 35 Minuten backen und servieren. Die oberste Schicht Kartoffeln soll goldbraun und knusprig sein.

Für 8 Personen

Maltagliati con Calamari

Sautierter Kalmar mit Pasta und Radicchio

Der Name des Rezepts rührt von den unregelmäßig geformten, selbst gemachten Nudeln her – *maltagliati* bedeutet schlecht geschnitten. Sie sind etwa quadratisch und werden in der Regel mit einem Teigrädchen geschnitten, sodass sie einen gezackten Rand bekommen. Dies ist ein rustikales Gericht, das sich der wunderbar süßen, jungen Kalmare bedient, die aus den Gewässern vor Neapel kommen. Das Wichtigste an diesem Gericht ist, die *calamari* nicht zu lang zu kochen. Damit sie zart werden, müssen sie entweder sehr kurz gebraten oder sehr lange geschmort werden. Bei jeder anderen Zubereitung werden sie zäh.

Für die Pasta:

300 g Mehl

80 g Semmelbrösel

4 Eier

Salz und frisch gemahlener schwarzer Pfeffer

1 EL frische Petersilie, gehackt

Für die Sauce:

3 ½ EL Olivenöl *(extra vergine)*

2 Knoblauchzehen, geschält und zerdrückt

350 g Baby-Kalmare, geputzt und in Drittel geschnitten (siehe Hinweis)

3 EL trockener Weißwein

1 Radicchio, vom Strunk befreit und in dünne Streifen geschnitten

2 Frühlingszwiebeln (grüne und weiße Teile), in dünne Ringe geschnitten

Salz und frisch gemahlener schwarzer Pfeffer

PASTA: Mehl und Semmelbrösel in einer Schüssel mischen und eine Mulde in die Mitte drücken. Eier, Salz, Pfeffer und Petersilie hineingeben und alles mit einem Holzlöffel zu einem Teig verrühren. Diesen in Frischhaltefolie wickeln und 30 Minuten ruhen lassen. Dann mit einer Teigrolle ca. 3 mm dick ausrollen und mit einem Teigrädchen in ca. 1 ½ cm große Quadrate schneiden. Nudeln 3 Minuten in Salzwasser kochen, bis sie an die Oberfläche steigen. Abgießen, dabei 3 Esslöffel des Kochwassers auffangen, und gut abtropfen lassen.

SAUCE: Olivenöl in einen Topf geben und darin Knoblauch 1 Minute bei mittlerer Hitze braten. Kalmare zufügen und weitere 2 Minuten braten, dann mit Wein löschen. Radicchio, Frühlingszwiebeln, Salz und Pfeffer zugeben und 2–3 Minuten kochen. Zurückbehaltenes Nudelwasser hineinrühren und die Sauce mit der Pasta mischen. Sofort servieren.

Für 6 Personen

Hinweis: Baby-Kalmare haben eine Länge von 6–7 cm. Sie können aber auch ausgewachsene Kalmare (11–13 cm) verwenden.

Dentice con Galetti

Geschmorte Zahnbrasse mit Pfifferlingen

Zwei Zutaten, die nicht allgemein als typisch italienisch gelten, mit neapolitanischer Note.

1 Zahnbrasse (oder Roter Schnapper), geschuppt, ausgenommen, gut abgewaschen und trockengetupft

Salz und frisch gemahlener schwarzer Pfeffer

50 g Mehl

3 EL Olivenöl *(extra vergine)*

2 Lauchstangen, gewaschen und in dünne Scheiben geschnitten

500 g fest kochende Kartoffeln, geschält und gewürfelt

1 EL frischer Majoran, fein gehackt

350 g Pfifferlinge oder Champignons

Backofen auf 200 °C vorheizen.

Fisch innen und außen mit Salz und Pfeffer einreiben, in Mehl wenden und Überschuss abschütteln. In eine ausreichend große Auflaufform legen und mit 2 Esslöffeln Olivenöl beträufeln. 15 Minuten backen.

In der Zwischenzeit das restliche Olivenöl in eine Kasserolle geben. Lauch und Kartoffeln darin 10 Minuten braten, bis die Kartoffeln goldgelb und der Lauch zusammengefallen ist. Pfifferlinge und die Hälfte des Majorans zufügen und 3 Minuten unter gelegentlichem Rühren braten.

Form aus dem Ofen nehmen, Gemüse um den Fisch verteilen und mit restlichem Majoran bestreuen. Form mit Alufolie zudecken. Backofentemperatur auf 230 °C erhöhen und Fisch weitere 15 Minuten backen. Folie entfernen und sofort servieren.

Für 6 Personen

Pesce al Cartoccio

Fisch in der Papierhülle

Ich liebe diese kleinen Spielereien beim Kochen, besonders wenn sie auch funktionieren. Diese Garmethode eignet sich besonders gut für Fisch. Das Aroma wird erhalten, und der Fisch bleibt saftig. Außerdem macht es Spaß, seine Gäste mit einer Überraschung in einer Papiertüte zu erfreuen. Die Methode wird in Italien häufig auch für Geflügel verwendet.

1 großer Pergamentpapierbeutel

4 EL Olivenöl *(extra vergine)*

1 Seebarsch oder Roter Schnapper (ca. 1,5 kg), ausgenommen und geschuppt

Salz und frisch gemahlener schwarzer Pfeffer

1 EL frische Rosmarinblätter

3 Knoblauchzehen, geschält und in Scheiben geschnitten

4 Zitronenspalten

Den Backofen auf 190 °C vorheizen.

Den Beutel innen und außen mit reichlich Olivenöl bestreichen.

Fisch innen und außen mit Salz und Pfeffer einreiben, mit Rosmarin und Knoblauch bestreuen, dann in den Beutel geben und fest verschließen. Beutel auf ein Backblech legen und 30 Minuten im Ofen backen. Fisch aus dem Ofen nehmen und 3 Minuten im verschlossenen Beutel ruhen lassen. Achtung: Beim Öffnen des Beutels tritt sehr heißer Dampf aus!

Mit Zitronenspalten servieren.

Für 4 Personen

Tina DiRosas Schwertfisch

Tina und Luigi DiRosa haben mich und mein gesamtes Kamerateam während unserer Filmarbeiten äußerst gastfreundlich in ihrem Haus in Brooklyn aufgenommen und bewirtet. Neben ihrer Arbeit als Konditorin im Restaurant *Alba's* in Bensonhurst ist Tina auch eine großartige Köchin. Sie stammt aus Neapel und kam als Teenager in den 60er-Jahren nach Amerika. Luigi ist Sizilianer, sodass man Schwertfisch auf dem Speiseplan erwarten kann.

Tina nimmt 2–3 cm dicke Schwertfischfilets. Sie mischt etwas Olivenöl, Salz und Pfeffer in einer Schale und Semmelbrösel, Salz und Petersilie in einer anderen. Dann taucht sie die Filets ins Öl, paniert sie mit den Semmelbröseln und bäckt sie 30 Minuten im auf 220 °C vorgeheizten Backofen. In der Zwischenzeit brät sie einige in Ringe geschnittene, große weiße Zwiebeln in Olivenöl goldgelb. Jetzt gibt sie nach und nach Balsamessig hinzu, bis die Zwiebeln bräunen und karamellisieren. Dieser Vorgang, der große Sorgfalt erfordert, dauert etwa eine Stunde. Sie streut eine Prise Salz, etwas Chili und gemahlenen schwarzen Pfeffer über die Zwiebeln, legt sie auf die Filets, schaltet die Ofentemperatur zurück und bäckt alles noch einmal ungefähr 15 Minuten. Kurz vor dem Servieren bestreut sie die Teller mit gehackter frischer Minze. Als sie das Gericht für uns bereitete, aß jeder mindestens zwei Portionen. Was für ein Augen- und Gaumenschmaus!

Polenta sulla Spianatoia con Vongole

Polenta auf dem Brett mit Venusmuscheln

Bei diesem Partygericht wird die Polenta mit zarten, süßen Venusmuscheln verfeinert. Der lustige Teil beginnt, wenn man die fertige Polenta auf ein Brett gibt und direkt an den Tisch bringt. Alle greifen zu und genießen die Polenta direkt vom Brett. Ich habe immer Schwierigkeiten, meine Kinder zu überreden, Dinge wie Polenta oder Venusmuscheln zu essen, aber wenn ich dieses Gericht zubereite, können sie auf einmal gar nicht genug davon bekommen. Noch eine Bemerkung: Ich bin ein großer Freund der Instant-Polenta. Puristen werden mir das verübeln, aber es verkürzt die Kochzeit um eine Stunde, und ich möchte den sehen, der den Unterschied bemerkt.

2,5 kg kleine Venusmuscheln

4 EL Olivenöl *(extra vergine)*

4 Knoblauchzehen, geschält und fein gehackt

1 großzügige Prise zerstoßene getrocknete Chilischoten

1,5 kg reife Tomaten, geschält, entkernt und gehackt

1 l Hühnerbrühe (Seite 216)

2 EL Butter

200 g Instant-Polenta

Salz und frisch gemahlener schwarzer Pfeffer

Muscheln unter fließendem kalten Wasser abbürsten und gründlich waschen. Olivenöl in einem Topf bei mittlerer bis hoher Temperatur erhitzen und Knoblauch goldbraun braten. Chili und Tomaten zugeben. Temperatur reduzieren und 5 Minuten köcheln lassen. Muscheln zugeben, Topf zudecken und weitere 5 Minuten kochen, bis alle Muscheln geöffnet sind.

In der Zwischenzeit die Hühnerbrühe in einem zweiten Topf bei mittlerer Hitze zum Kochen bringen. Butter und Polenta einrühren und 2 Minuten kochen, bis die Polenta dick wird. Mit Salz und Pfeffer abschmecken, auf ein Brett gießen, die Muscheln am Rand anrichten und die Sauce in die Mitte geben. Die Sauce dürfte nicht auslaufen, wenn man eine Mulde in die Polenta drückt. (Zur Sicherheit kann man ein Tranchierbrett mit einer Rille verwenden, die die Sauce auffängt.) Sofort servieren.

Für 8 Personen

Stocca alla Moda di Messina

Stockfisch auf Messina-Art

Vielleicht haben Sie von der Straße von Messina gehört, der Meerenge, die Sizilien vom Festland trennt. In der griechischen Legende lag hier die Heimat von Skylla und Charybdis, zwei Ungeheuern, die den Felsen und den Strudel personifizierten. In der Vergangenheit wurde Messina auf der sizilianischen Seite der Meerenge mehrfach von Erdbeben heimgesucht, unter anderem im Jahr 1908, als die gesamte Stadt dem Erdboden gleich gemacht wurde. Getreu der sizilianischen Tradition hat sich Messina allerdings immer wieder aufgerappelt. Es ist heute eine florierende Marktstadt und bietet viele wunderbare Rezepte wie diese für *stocca*.

Ich weiß schon: Was um Himmels Willen ist *stocca*? Sie haben vielleicht schon von *baccalà*, Klippfisch, gehört. Nun, *stocca*, Stockfisch, ist fast das Gleiche, nur ohne Salz – luftgetrockneter Kabeljau, früher ein Arme-Leute-Essen. Heute ist er nicht mehr so billig, aber er ist neuerdings in der italienischen Küche sehr beliebt, denn er ist immer noch ein wunderbarer Fisch mit großartigem Geschmack. (Tatsächlich kann *stocca* auch getrockneter Seelachs, Seehecht oder jeder andere Vertreter der weißfleischigen Kabeljaufamilie sein.)

1 Stockfischfilet (ca. 750 g), 3 Tage kalt gewässert, dabei Wasser dreimal täglich gewechselt (siehe Hinweis)

125 ml Olivenöl *(extra vergine)*

1 mittelgroße Zwiebel, geschält und in dünne Scheiben geschnitten

800 g italienische Eiertomaten mit Saft (aus der Dose)

1 ½ EL Pinienkerne

1 ½ EL Sultaninen

2 EL Kapern, gespült

12 schwarze Gaeta-Oliven, entkernt und grob gehackt

2 große fest kochende Kartoffeln, geschält und in 6 mm dicke Scheiben geschnitten

¼ TL Salz

frisch gemahlener schwarzer Pfeffer

250 ml trockener Weißwein

Backofen auf 190 °C vorheizen.

Stockfischfilet längs halbieren, Rückgrat entfernen und Fleisch in mundgerechte Stücke schneiden. Olivenöl in einer großen ofenfesten Pfanne bei mittlerer bis hoher Temperatur erhitzen und Zwiebel 8–9 Minuten goldbraun braten. Tomaten mit dem Saft zugeben, aufkochen, Temperatur reduzieren und 3–4 Minuten köcheln lassen. Fisch, Pinienkerne, Sultaninen, Kapern, Oliven, Kartoffeln, Salz und Pfeffer zugeben. Zum Köcheln bringen, Wein zugießen, zudecken und 1 Stunde im Ofen backen. Heiß servieren.

Für 4 Personen

Hinweis: Wie *baccalà* ist auch *stocca* sehr hart und trocken und muss längere Zeit kalt gewässert werden, wobei das Wasser regelmäßig gewechselt wird. Ich empfehle 3 Tage, aber unter Umständen reichen auch 24 Stunden.

Baccalaru in Guazzetto

Klippfischeintopf

Früher hätten die meisten Italiener und Italo-amerikaner niemals zugegeben, dass sie schon einmal *baccalà* (Klippfisch) gegessen haben. Es war halt ein Arme-Leute-Essen. Das hat sich mittlerweile geändert. Heute ist *baccalà* »in«, und man kann es selbst auf den Speisekarten der schicksten Restaurants finden. Für mich ist es immer noch ein preiswertes, köstliches Gericht, nur dass sich heute keiner mehr schämt, es zu essen. In der Karibik wird es *saltfish* genannt, in Spanien *bacalao*, in Frankreich *morue*, und die Portugiesen haben etwa 300 Rezepte für Klippfisch. Wie man ihn auch nennen mag, es handelt sich immer um getrockneten, gesalzenen Kabeljau, und die Süditaliener kennen einige der schmackhaftesten Zubereitungsmethoden.

1 kg Klippfisch

300 g Mehl

3 EL Olivenöl *(extra vergine)*

3 Knoblauchzehen, geschält und zerdrückt

750 g Eiertomaten, geschält, entkernt und gehackt

3 EL Hühnerbrühe (Seite 216)

30 g frische glatte Petersilie, gehackt

2 EL kleine Sultaninen

2 EL Pinienkerne, geröstet

Salz und frisch gemahlener schwarzer Pfeffer

Klippfisch 3 Tage kalt wässern, dabei das Wasser mindestens dreimal täglich wechseln. Abtropfen lassen, trockentupfen und in 7–8 cm große Stücke schneiden. Im Mehl wenden und Über-

schuss abschütteln. Olivenöl in einer Pfanne bei mittlerer bis hoher Temperatur erhitzen. Klippfischstücke auf einer Seite goldbraun braten. Vorsichtig wenden und von der anderen Seite bräunen. Aus der Pfanne nehmen und auf Küchenpapier abtropfen lassen.

Knoblauch in derselben Pfanne bei mittlerer Hitze goldbraun braten. Tomaten, Brühe, Petersilie, Sultaninen, Pinienkerne, Salz und Pfeffer zugeben und gut durchrühren. Temperatur reduzieren und 15 Minuten köcheln lassen. Klippfisch wieder in die Pfanne geben und weitere 15 Minuten köcheln. Heiß mit knusprigem italienischem Brot servieren.

Für 6 Personen

Kalmare unter kaltem Wasser waschen und die violette äußere Haut abziehen. Kopf vom Körper abziehen und Fangarme über den Augen abschneiden. Beutel waschen und Eingeweide und Schulp wegwerfen. Beutel in ca. 5 mm dicke Ringe schneiden. Ringe und geputzte Fangarme kalt stellen (man kann die Kalmare auch schon ausgenommen und vorbereitet kaufen).

6 Esslöffel Olivenöl in einem Topf bei mittlerer Temperatur erhitzen und Zwiebel 5 Minuten glasig braten, aber nicht braun werden lassen. Fischköpfe und Gräten mit Zimt, Lorbeerblatt, Möhre, 1 Teelöffel Salz, 1 Teelöffel Pfeffer und Cayennepfeffer in den Topf geben und 5 Minuten braten. Tomaten zusammen mit 125 ml Wasser zugeben und bei schwacher Hitze im offenen Topf 15 Minuten köcheln lassen. Alles durch ein Passiersieb streichen; dabei die ganze Flüssigkeit herausdrücken.

Petersilie, Knoblauch und Fischbrühe im Mixer glatt pürieren. Mit 750 ml Wasser in einen Topf geben und bei mittlerer Hitze zum Sieden bringen. Kalmare zugeben und 35 Minuten bei schwacher Hitze köcheln lassen, bis sie zart sind.

Kuskus: Während die Kalmare garen Olivenöl in einem Topf erhitzen und Zwiebel 4 Minuten braten. Salz, Pfeffer, Zimt, Lorbeerblatt und 750 ml Wasser zugeben. Aufkochen, vom Herd nehmen, Kuskus einrühren, zudecken und 3 Minuten quellen lassen.

Fisch und Kalmare zugeben und 5 Minuten kochen. Muscheln hinzufügen, zudecken und 2 Minuten kochen lassen, bis sich die Muscheln öffnen (alle nicht geöffnete Muscheln wegwerfen). Mandeln einrühren und abschmecken.

Kuskus auf eine Platte häufen, mit einer Gabel auflockern und das Lorbeerblatt entfernen. Fisch um das Kuskus anrichten und Muscheln dekorativ verteilen. Die Fischsauce über das Kuskus geben (es sollte befeuchtet werden, aber nicht durchweichen). Mit Petersilie bestreuen und servieren.

Für 8 Personen

Insalata di Gambereddi e Finucchi

Salat von marinierten Garnelen und Fenchel

Jeder liebt Garnelen. Sie sind ein Genuss für besondere Anlässe – einen Abend zu zweit, ein Festmahl mit der Familie. Mit Fenchel ist es schon schwieriger. An ihm scheiden sich die Geister, obwohl er überall erhältlich und durchaus kein Exot ist.

In Italien wird der Fenchel nicht nur in gekochten Gerichten, sondern auch roh in Salaten oder als Nachspeise gegessen. Mit dem milden Anisgeschmack und dem wunderbar knackigen Biss ist er ein perfekter Abschluss für ein Menü, da er eventuellen Nachgeschmack neutralisiert und die Verdauung fördert.

Wilder Fenchel wächst überall in den Bergen Siziliens. Die Pflanze ist kleiner und der essbare Teil länger und dünner als bei den Kultursorten; die Knollen sind nicht so dick und tragen mehr Grün. Der wilde Fenchel besitzt auch einen ausgeprägteren Anisgeschmack, weshalb er häufig in getrockneter, milderer Form verwendet wird. Er wird *finochietto selvaggio della montagna* (kleiner wilder Bergfenchel) genannt.

Vielleicht kennen Sie den traditionellen, mit Zitrone und Olivenöl angemachten italienischen Meeresfrüchtesalat. Diese Variante mit dem angenehm scharfen Dressing erfordert mehr Aufwand, aber die Mühe lohnt sich durchaus.

Sie können auch Hummer oder Krebse dazu verwenden.

2 große Fenchelknollen, geputzt

200 ml trockener Weißwein

250 ml Hühnerbrühe (Seite 216)

4 EL Olivenöl *(extra vergine)*

Saft von 2 Zitronen

2 Zweige frischer Thymian

1 Lorbeerblatt

1 TL Salz

8 ganze schwarze Pfefferkörner

1 Selleriestange

1 kg mittelgroße Garnelen (je ca. 30 g, siehe Seite 117), geschält und Darmfaden entfernt

Für die salsa verde:

30 g frische glatte Petersilie, gehackt

3 Sardellenfilets, gehackt

½ rote Zwiebel, fein gehackt und in Küchenpapier ausgedrückt

2 EL Kapern, gespült

2 Knoblauchzehen, geschält und gehackt

3 EL frisch gepresster Zitronensaft

200 ml Olivenöl *(extra vergine)*

Salz und frisch gemahlener schwarzer Pfeffer

Das Grün und eventuelle Druckstellen vom Fenchel abschneiden. Die Knollen längs in ca. 1,5 cm dicke Scheiben schneiden. Mit Wein, Brühe, Olivenöl, Saft von 1 Zitrone, Thymian, Lorbeerblatt, Salz und Pfefferkörnern in einen Topf geben (siehe Hinweis). Bei mittlerer Hitze zum Kochen bringen und 15 Minuten köcheln lassen, bis der Fenchel zart ist. Fenchel aus dem Topf nehmen und Sud auf 3 Esslöffel einkochen, dann über den Fenchel geben und abkühlen lassen.

Restlichen Zitronensaft mit dem Sellerie und genügend Wasser in einen Topf geben, um später die Garnelen zu bedecken. Bei mittlerer bis starker Hitze zum Kochen bringen, Garnelen hineingeben, wieder aufkochen, bis 30 zählen, dann die Garnelen aus dem Topf nehmen und abkühlen lassen.

Salsa verde: Petersilie, Sardellen, Zwiebel, Kapern, Knoblauch und Zitronensaft in einer großen Schüssel mischen. Mit Olivenöl verschlagen und mit Salz und Pfeffer abschmecken. Fenchel und Garnelen in die Schüssel geben, gut mischen und vor dem Servieren mindestens 1 Stunde bei Zimmertemperatur marinieren.

Für 8 Personen

Hinweis: Kochen Sie niemals säurehaltige Zutaten – zum Beispiel Essig oder Zitronensaft – in einem Aluminiumtopf. Die Säure reagiert mit dem Aluminium, verfärbt die Zutaten und gibt Aluminium ins Essen ab. Ich halte auch nichts von gusseisernen Kochgefäßen für Gerichte mit hohem Flüssigkeitsanteil. Für Steaks gibt es nichts besseres als Gusseisen, aber für diese Art von Gerichten sollten Sie grundsätzlich rostfreien Stahl oder Emaille verwenden.

Le »Femminelle«

Weibliche Krabben à la Marinara

Dies ist ein beliebtes sizilianisches Gericht für den Heiligen Abend, an dem traditionell fleischlos gegessen wird. Statt weiblicher Krabben können Sie jedes andere Schaltier verwenden.

- **6 EL Olivenöl** *(extra vergine)*
- **4 Knoblauchzehen, geschält und gehackt**
- **1 Prise zerstoßene getrocknete Chilischoten**
- **1 kg reife Eiertomaten, geschält, entkernt und gehackt**
- **3 EL Hühnerbrühe (Seite 216)**
- **Salz und frisch gemahlener schwarzer Pfeffer**
- **10 Stängel frische glatte Petersilie, nur die Blätter, gehackt**
- **12 Krabben (ca. 1,5 kg), ausgelöst (siehe Hinweis)**

Olivenöl in einem für die Krabben ausreichend großen Topf bei mittlerer Temperatur erhitzen. Knoblauch und Chili 2 Minuten braten, bis der Knoblauch goldgelb ist. Tomaten und Brühe zugeben, mit Salz und Pfeffer abschmecken, Temperatur reduzieren und 15 Minuten köcheln lassen. Sauce gegebenenfalls mit etwas Wasser verdünnen. Petersilie und Krabben zugeben und weitere 15 Minuten köcheln lassen. Abschmecken und servieren.

Für 6 Personen

Hinweis: Krabben zum Auslösen auf den Rücken drehen, Schwanzplatte anheben und abdrehen. Spitzen der Rückenschale mit der einen Hand, die unteren Beine mit der anderen greifen und die Schalenhälften auseinander ziehen. Kiemen an der Seite entfernen. (Sie können dies auch vom Fischhändler machen lassen.)

Eine Anmerkung zu Garnelen

Garnelen gibt es in verschiedenen Größen. Riesengarnelen sind meist 17–23 cm lang, können aber auch größer werden. Die mittelgroßen messen 6–15 cm und die kleinen (Nordseekrabben, Granate, Shrimps) 3–6 cm. Je größer sie sind, desto teurer. Man kann aber für ein Gericht, das nach mittelgroßen Garnelen verlangt, durchaus die kleineren verwenden.

Die Riesengarnelen eignen sich zum Grillen und für Hauptgerichte, die mittelgroßen verwendet man für Salate und Ragouts, die kleinen für Pastagerichte, Risotti, Suppen und Shrimps-Cocktail. Achten Sie bei allen darauf, dass Sie sie nicht zu lange kochen, sonst werden sie zäh.

Bei *scampi* handelt es sich nicht etwa um Shrimps, sondern um Kaisergranate, 20–25 cm lange Krustentiere mit langen Scheren aus der Hummerfamilie, die hauptsächlich im Mittelmeer vorkommen. In Frankreich werden sie *langoustines* (kleine Languste) genannt. Sie sind zarter als Riesengarnelen und schmecken einfach himmlisch

Allerdings geben Sie auch Anlass zu Verwirrung: Auf vielen Speisekarten werden *scampi* angeboten, wobei es sich in Wirklichkeit um große Garnelen handelt, die für gewöhnlich aufgeschnitten, mit Butter und/oder Olivenöl und Knoblauch bestrichen und gegrillt werden.

Mirruzzu al Marinaio

Seehecht nach Fischer-Art

Für meine erste Dokumentarserie drehte ich einen Bericht über den berühmten Fulton-Fischmarkt in Manhattan, den aufregenden Mittelpunkt der New Yorker Fischindustrie. Zu meiner Überraschung galt der Seehecht als der beliebteste Fisch auf dem Markt. Ich hätte mich eigentlich nicht wundern sollen: Schließlich habe ich als Kind selbst genug davon gegessen. Seine Beliebtheit lag sicherlich auch am niedrigen Preis. Das leichte weiße Fleisch des Seehechts lässt sich auf verschiedenste Art zubereiten, wobei die folgende eine der besten ist. Der Seehecht ist ein kleinerer Verwandter des Kabeljaus, mit dem zusammen er in Italien häufig unter dem Oberbegriff *merluzzo*, (sizilianisch: *mirruzzu)* geführt wird.

6 EL Olivenöl *(extra vergine)*

8 Sardellenfilets in Öl, abgetropft

15 Stängel frische glatte Petersilie, nur die Blätter, fein gehackt

1 Knoblauchzehe, geschält und fein gehackt

6 Seehechtfilets (ca. 750 g)

Salz und frisch gemahlener schwarzer Pfeffer

4 Zweige frischer Rosmarin

2 EL Semmelbrösel

1 große unbehandelte Zitrone, in dünne Scheiben geschnitten

Saft von 1 Zitrone

Backofen auf 200 °C vorheizen.

4 Esslöffel Olivenöl in einem Topf erhitzen. Sardellen hineingeben, mit einer Gabel zerkleinern und bei schwacher Hitze 30 Sekunden garen, bis sie auseinander fallen. Das Öl darf nicht zu heiß werden. Sardellensauce in eine Schüssel umfüllen und auf die Seite stellen. Petersilie und Knoblauch mischen und ebenfalls beiseite stellen.

Eine ofenfeste Glasform mit dem restlichen Olivenöl leicht einölen und 3 Fischfilets mit der Hautseite nach unten hineinlegen. Etwas Sardellensauce darüber geben, mit Salz und Pfeffer würzen und einen Rosmarinzweig darauf legen. Die 3 übrigen Filets mit der Hautseite nach oben darauf schichten, mit der restlichen Sauce übergießen und mit der Petersilien-Knoblauch-Mischung bedecken. Mit Semmelbröseln bestreuen und mit Salz und Pfeffer nach Geschmack würzen. Mit Zitronenscheiben belegen und die restlichen Rosmarinzweige darüber verteilen. 35 Minuten im Ofen backen.

Form aus dem Ofen nehmen und Zitronenscheiben entfernen. Fisch auf einer vorgewärmten Platte anrichten, mit Zitronensaft beträufeln und servieren.

Für 6 Personen

Sardi a Beccaficu

Gefüllte frische Sardinen

Obwohl man Sardinen im gesamten Mittelmeer findet, sind sie fast nur als Konserven bekannt. Dabei kann man in jedem guten Fischgeschäft frische Sardinen kaufen. Man muss sie zwar unter Umständen vorbestellen, aber das sollte für den Fischhändler kein Problem sein. Nehmen Sie für dieses Rezept mittelgroße Sardinen. Und nachdem Sie das Gericht probiert haben, Schande über Sie, wenn Sie je wieder Sardinen aus der Dose essen!

16 frische mittelgroße Sardinen (ca. 1 kg)
125 ml + 3 EL Olivenöl *(extra vergine)*
4 EL Semmelbrösel
2 EL Sultaninen
1 EL Pinienkerne
½ TL Zucker
½ TL Salz
frisch gemahlener schwarzer Pfeffer
1 EL frische glatte Petersilie, gehackt
10 Sardellenfilets, gehackt
1 Lorbeerblatt, geviertelt
Saft von 1 Zitrone

Sardinen schuppen und filetieren (oder überlassen Sie dies Ihrem Fischhändler). Vorsichtig unter kaltem Wasser waschen und Hälften zusammenhalten.

Backofen auf 200 °C vorheizen.

Für die Füllung 125 ml Olivenöl in einer Schüssel gründlich mit Semmelbröseln, Sultaninen, Pinienkernen, Zucker, Salz, Pfeffer, Petersilie und Sardellen verrühren. Jeweils 1 Esslöffel der Füllung zwischen zwei Filets geben und zusammenklappen. Den Boden einer ofenfesten Glasform leicht einölen und die gefüllten Sardinen hineinlegen. Fische mit Lorbeerblattvierteln belegen und mit 3 Esslöffeln Olivenöl beträufeln. 20 Minuten backen. Aus dem Ofen nehmen. Sardinen auf eine vorgewärmte Platte legen, mit Zitronensaft beträufeln und mit einem leichten Rucolasalat servieren.

Für 4 Personen

Pisci Arrustutu
chi Finucchi

Seebarsch mit Fenchel auf sizilianische Art

Es gibt einige unumstößliche Regeln der Kochkunst. Eine davon lautet: Alles ist besser, wenn es am Knochen gegart wird, sei es nun Fisch, Fleisch oder Geflügel. Der Geschmack ist intensiver, und das Fleisch bleibt saftig. Dieses Gericht verlangt nach Seebarsch, der in Italien *spigola* oder *branzino* genannt wird, aber Sie können auch jeden anderen Fisch nehmen. Hauptsache, er ist frisch. Denken Sie immer daran: Wenn etwas nach Fisch riecht, lassen Sie die Finger davon.

2 kleine Seebarsche (je ca. 750 g), geschuppt und ausgenommen

2 große Fenchelknollen, von den Spitzen befreit

3 EL Olivenöl *(extra vergine)*

3 EL trockener Weißwein

250 g frische feste Champignons, geputzt

Salz und frisch gemahlener schwarzer Pfeffer

Fisch innen und außen mit kaltem Wasser waschen. Fenchelknollen längs in 5 mm dicke Scheiben schneiden und bei mittlerer Hitze in eine für die Fische ausreichend große Pfanne geben. Olivenöl, Wein, Champignons, Salz, Pfeffer und 250 ml Wasser zufügen. Pfanne zudecken, Temperatur reduzieren und 30 Minuten kochen lassen, bis der Fenchel zart ist. Wenn der Fenchel zu trocken wird, 3 Esslöffel Wasser zugießen.

Pfanne öffnen, Inhalt durchrühren und Fenchel und Champignons an die Seite schieben. Fische hineingleiten lassen und mit etwas Sud

WIE MAN EINEN FISCH BEI TISCH FILETIERT

Zunächst benötigt man eine Grundausstattung, die einfach aus zwei großen Löffeln oder einem großen Löffel und einem großen, flachen Messer (oder einem speziellen Filetiermesser) besteht. Den Fisch legt man auf einen Teller und öffnet ihn vorsichtig mit dem Löffel entlang der Bauchmitte von den Kiemen oder Brustflossen bis zum Schwanz. Auf diese Weise wird das obere Filet gelöst, das jetzt abgehoben und beiseite gelegt werden kann. Rückgrat und Gräten liegen nun frei. Das untere Filet mit einem der Löffel (oder dem flachen Messer) halten, den Schwanz mit Daumen und Zeigefinger fassen und nach oben wegziehen, sodass sich Schwanz, Rückgrat und Kopf vom unteren Filet ablösen.

übergießen. Zudecken und 6–7 Minuten kochen. Fische wenden und weitere 5 Minuten garen. Auf eine vorgewärmte Platte legen, Gemüse und Sud darüber geben und servieren.

Für 4 Personen

Tunnu Auruduci

Gebratene süßsaure Thunfischsteaks

Auruduci ist die sizilianische Variante des italienischen *agro-dolce*, was süßsauer bedeutet. Dieses Rezept dürfen Sie nicht mit den typisch chinesischen süßsauren Gerichten verwechseln. Es ist ein wunderbares, feines Rezept, das den wichtigsten Fisch Siziliens – den Thunfisch – voll zur Geltung bringt. Verwenden Sie unbedingt frischen Thunfisch, und garen Sie ihn nur kurz – er darf auf keinen Fall zu lange gekocht werden.

4 EL Olivenöl *(extra vergine)*

2 mittelgroße Zwiebeln, geschält und in dünne Scheiben geschnitten

Salz und frisch gemahlener schwarzer Pfeffer

1,5 kg Thunfischsteaks je 1 ½ cm dick

150 g Mehl

2 TL Zucker

3 EL Rotweinessig

3 EL trockener Weißwein

2 EL frische glatte Petersilie, gehackt

Eine breite Pfanne, in der alle Steaks nebeneinander Platz finden, bei mittlerer Temperatur erhitzen. 2 Esslöffel Olivenöl, Zwiebeln, Salz und Pfeffer nach Geschmack hineingeben. Zwiebeln 8–9 Minuten goldbraun braten, dann herausnehmen und warm stellen.

Restliches Olivenöl in die Pfanne geben und die Temperatur stark erhöhen. Thunfischsteaks mit Salz und Pfeffer würzen und von beiden Seiten leicht mit Mehl bestäuben. 2 Minuten von jeder Seite scharf braten, dann aus der Pfanne nehmen. Zucker, Essig, Wein und Zwiebeln hineingeben und ohne Deckel 2 Minuten bei mittlerer Hitze kochen lassen. Petersilie und Thunfischsteaks zufügen und weitere 2 Minuten kochen. Thunfisch auf eine vorgewärmte Platte legen, mit Sud übergießen und servieren.

Für 6 Personen

carne e

pollame

Mary Lazzarino, meine Großmutter

Fleisch kommt in Süditalien und Sizilien nicht jeden Tag auf den Tisch. Da es teuer und selten ist, bleiben Fleischgerichte den besonderen Anlässen vorbehalten. Sie bestehen hauptsächlich aus Huhn, Lamm und Schwein, während es Kalbfleisch nur zu *wirklich* hohen Festtagen gibt.

In den Bergregionen des Südens hat die Jagd auf Wild Tradition. Man jagt vor allem Kaninchen, Fasane, Wachteln und Wildschweine. Nicht jeder mag den Wildgeschmack, aber ich präsentiere auf den folgenden Seiten auch Rezepte (für Wachteln und Kaninchen) an, weil ich einfach nicht widerstehen konnte. Außerhalb der jeweiligen Saison kann man Wild tiefgekühlt kaufen.

Obwohl die Sizilianer in der Regel eher Fisch als Fleisch essen, hat die Insel doch einige hervorragende Fleisch- und Geflügelrezepte zu bieten, von denen viele die »fremden« und »exotischen« Elemente enthalten, von denen zum Teil bereits die Rede war – süßsaure Sauce, wilden Fenchel oder Granatäpfel. Andere Rezepte wie Hackbraten und Schmorbraten sind eher als Hausmannskost oder gutbürgerlich zu bezeichnen.

Eine weitere Tradition der sizilianischen Küche, die ihre Wurzeln in der erzwungenen Sparsamkeit und Genügsamkeit hat, ist die Verarbeitung von Innereien und anderen Teilen wie Herz, Kopf, Lunge, Leber, Nieren, Hirn, Füßen, Zunge, Magen und so weiter. In der neapolitanischen Küche gibt es einige altehrwürdige Favoriten: *gnumerelli*, am Spieß gebratene, gewürzte Innereien, und *soffritto*, ein Ragout aus Herz, Leber und Lunge. Ich will auf diesen Seiten nur ein Beispiel vorstellen, und zwar Kutteln mit Parmesan. Der Grundsatz lautet: Nichts darf umkommen. Wenn man ein ganzes Milchlamm brät, warum sollte man auf den Kopf verzichten? Wenn Sie die wirklich authentische Küche pflegen wollen, essen Sie den Kopf – den ganzen Kopf. In meinem ersten Buch ist ein Bild von meinem Großvater zu sehen, der stolz am Kopf der Tafel sitzt und genau das tut – sehr zum Entsetzen von uns Kindern.

Urgroßvater Andrea Pesce mit dem Bruder meiner Großmutter, Michael.

Agnello Napolitano all' Cacciatora con Patate e Pomodori

Neapolitanisches Lamm mit Kartoffeln und Tomaten

Ich habe einen sehr guten Freund namens Pete. Er ist Neapolitaner, und dies ist sein Lieblingsrezept für Lamm. Die Zubereitung mit Tomaten und Zwiebeln ist typisch neapolitanisch und erinnert an das bekanntere Gericht Huhn Cacciatora. Der sonst bei Lamm beinahe obligatorische Knoblauch fehlt hier, aber das tut dem Ergebnis keinen Abbruch. (*Cacciatora* ist, nebenbei bemerkt, die weibliche Form von Jäger. Ich habe mir sagen lassen, dass diese Gerichte nach der Frau des Jägers benannt wurden; manchmal heißen sie *cacciatore* nach dem Jäger selbst. Ob nach Jägerin- oder nach Jägerart – sie sind alle einfach, rustikal, herzhaft und absolut köstlich.)

Mein Freund Pete nimmt es mit der Auswahl des Lamms sehr genau. Er ist immer auf der Suche nach dem noch helleren, noch milderen, noch zarteren Fleisch. Pete ist nicht nur ein großartiger Koch, sondern auch ein bezaubernder Gesprächspartner. Er ist unglaublich beliebt und kommt mit jedem gut aus. Wie beliebt Pete ist, fragen Sie? Er ist so beliebt, dass er eines Tages mit dem Papst die Straße entlangging und einer seiner Bekannten sich zu einem Begleiter umdrehte und fragte: »He, wer ist der Typ da neben Pete?«

1,5 kg Rippenstück und Rücken vom Lamm, in ca. 1,5 cm große Würfel geschnitten

1 große Zwiebel, geschält und in dünne Scheiben geschnitten

500 g reife Eiertomaten, in dicke Spalten geschnitten

500 g Kartoffeln, geschält und in Spalten geschnitten

125 ml Olivenöl (*extra vergine*)

3 Zweige frischer Oregano, abgezupft und gehackt

3 Zweige frischer Thymian, abgezupft und gehackt

Salz und frisch gemahlener schwarzer Pfeffer

Backofen auf 190 °C vorheizen.

Lamm in einen tiefen Bräter (besser: Steinguttopf) geben. Zwiebel, Tomaten und Kartoffeln um das Fleisch verteilen und gut mischen. Mit Olivenöl beträufeln, mit Kräutern bestreuen und mit Salz und Pfeffer würzen. Bräter zudecken und in den Ofen schieben. Nach 1 Stunde Deckel entfernen und weitere 10 Minuten braten. Das Lammfleisch sollte braun und knusprig sein. Auf einer vorgewärmten Platte anrichten, Bratensauce darüber verteilen und heiß servieren.

Für 6 Personen

Arrosto di Vitello

Gebackene Kalbsschulter mit Kräutern

Ich habe es vielleicht schon erwähnt: Ich bin ein absoluter Fan von Semmelbröseln. Ich liebe den Geschmack und die knusprige Konsistenz, die sie gebackenen Gerichten verleihen. Ich habe bei vielen Rezepten in diesem Buch Semmelbrösel als meine ganz persönliche Note hinzugefügt. In diesem Fall dienen sie zusammen mit Käse dazu, das sonst sehr milde Kalbfleisch mit einer pikanten Kruste zu versehen. Die andere interessante aromatisierende Zutat ist Marsala. Dieser weltberühmte Dessertwein stammt zwar ursprünglich aus Sizilien, hat aber mittlerweile seinen Weg in viele regionale Küchen Italiens gefunden.

2 EL Olivenöl *(extra vergine)*

1 ½ EL Butter

1,2 kg Kalbsschulter ohne Knochen als Rollbraten

1 kleine weiße Zwiebel, geschält und fein gehackt

1 TL frische Rosmarinblätter, gehackt

4 frische Salbeiblätter, gehackt

Salz und frisch gemahlener schwarzer Pfeffer

170 ml trockener Weißwein

125 ml lieblicher Marsala

80 g frisch geriebener Parmesan

2 EL Semmelbrösel, leicht geröstet

Olivenöl und 1 Teelöffel Butter in einem Topf bei mittlerer Temperatur erhitzen und Fleisch rundum bräunen. Aus dem Topf nehmen, auf die Seite stellen und Zwiebel, Rosmarin und Salbei hineingeben. Zwiebel bräunen, dann Fleisch wieder in den Topf legen und mit Salz und Pfeffer würzen. Wein und Marsala zugießen, Temperatur reduzieren, Topf zudecken und 1 ½ Stunden bei schwacher Hitze köcheln lassen; dabei das Fleisch gelegentlich wenden. Bei Bedarf etwas Wasser zugeben.

In der Zwischenzeit den Backofen auf 250 °C vorheizen.

Ein Backblech mit der restlichen Butter einfetten. Käse und Semmelbrösel in einer Schüssel mischen. Fleisch mit der Käsemischung panieren und 5–6 Minuten im Ofen backen, bis die Kruste goldbraun ist.

Währenddessen den Bratensaft im Topf bei schwacher Hitze erwärmen. Fleisch dünn aufschneiden, auf einer vorgewärmten Platte anrichten, mit Sauce übergießen und servieren.

Für 6 Personen

Lamm

ABBACHIO, AGNELLO UND SO WEITER...

Denjenigen, für die ein Lamm einfach ein Lamm ist, sei hier gesagt, dass man unbedingt zwischen Milchlamm, Osterlamm und »normalem« Lamm unterscheiden muss. Als Milchlämmer werden in Italien 6–8 Wochen alte Tiere bezeichnet; sie sind bis zu 7 kg schwer und werden in der Regel ganz gebraten. Osterlämmer sind 4–5 Monate alt. Alles andere bis zu 1 Jahr wird einfach als Lamm bezeichnet. Der Begriff *abbachio* (ah-bah-kio) bezieht sich auf ein Milchlamm, das gut durchgegart serviert werden sollte, weil es sonst eine unangenehm breiige Konsistenz besitzt. Als *agnello* (ahn-jel-lo) bezeichnet man in Italien sowohl Oster- als auch gewöhnliche Lämmer, die die Lammkeule zum Braten liefern. Je jünger das Lamm, desto zarter das Fleisch und desto milder der Geschmack, was vor allem für diejenigen wichtig ist, die den strengen Hammelgeschmack nicht mögen.

Auf Neapolitanisch heißt das Milchlamm *capretto*, was in der Hochsprache auch Baby-Ziege oder Kind bedeutet. *Agnello* heißt in Neapel *piechoro*, ähnlich dem hochsprachlichen Wort für Schaf, *pecora*. Nennen Sie bloß niemals einen Italiener *piechoro* – es bedeutet Hahnrei und gilt als eine der schlimmsten Beleidigungen. (Erhobener Zeigefinger und kleiner Finger symbolisieren die Hörner und haben eine ähnliche Wirkung wie der so genannte Stinkefinger).

Sant'Angelo dei Lombardi

Sant'Angelo, die Heimat der Familie meiner Urgroßmutter, ist insofern eine typische Stadt Kampaniens und ganz Süditaliens, als die Menschen dort wirklich arm sind, aber einen starken Familiensinn und ein ausgeprägtes Gemeinschaftsgefühl besitzen. In Amerika glaubt man, man habe tiefe Wurzeln, wenn die Familie den größten Teil des Jahrhunderts am selben Ort verbracht hat. In Orten wie Sant'Angelo reichen die Wurzeln viele Jahrhunderte zurück. Wenn die Menschen auch in finanzieller Hinsicht arm sind, so sind sie doch reich an Kultur. Rezepte, über Generationen weitergereicht, die Kunst, mit preiswertesten Zutaten und einfachsten Mitteln ganze Familien zu ernähren, spiegeln einen Teil dieses kulturellen Reichtums wider.

Früher, als wir Freunde und Familie in Sant'Angelo besuchten, wurden wir immer voller Begeisterung empfangen. Sicher haben sie sich wirklich gefreut, aber wir waren natürlich auch die reichen Verwandten aus Amerika. Wir wären nie auf die Idee gekommen, ohne Geschenke zu erscheinen. Dabei mussten wir nicht lange überlegen, denn einfache, für uns selbstverständliche Dinge des täglichen Lebens wie Haarnadeln oder Gummibänder waren dort kaum zu bekommen. Wir fuhren in die Berge, besuchten Verwandte in Sant'Angelo und genossen lange Familienessen in den Höfen ihrer kleinen Häuser und Wohnungen. Und was da für Persönlichkeiten zusammenkamen!

1980 verwüstete eines der schlimmsten Erdbeben, die Italien je heimgesucht haben, Avellino und die umliegende Region einschließlich Sant'Angelo. Dass sie heute, 20 Jahre danach, immer noch dabei sind, den Ort neu aufzubauen, ist ein sprechender Beweis für die Beharrlichkeit und Entschlossenheit dieser Menschen. Der Neuaufbau macht mich als einen »Sohn von Sant'Angelo« sehr stolz. Sant'Angelo könnte heute eine Geisterstadt sein, aber dank seiner fleißigen Bevölkerung lebt es weiter.

Agglassatu

Sizilianischer Schmortopf

In Palermo besitzt jede Familie eine eigene Version dieses Rezepts. Ich liebe diese hier, die von meinem alten Freund Joey Baccala stammt. Joey ist nicht nur ein großartiger Koch, sondern auch ein Hypochonder. Früher, wenn er zum Arzt ging und erfuhr, dass ihm nichts fehle, war er richtig unglücklich. Überflüssig zu erwähnen, dass er den Arzt genauso oft wechselte wie die Kleidung. Schließlich kam er zu dem berühmten sizilianischen Arzt Dr. Vinnie Boompatz, der selber auch ein bisschen verrückt war. Nach einer gründlichen Untersuchung sagte er zu Joey: »Ich habe eine gute Nachricht für Sie und eine sehr schlechte.« Joey, der nicht darauf vorbereitet war, etwas Schlechtes von einem Arzt zu hören, sagte: »Bitte, Doc, erzählen Sie mir zuerst die gute Nachricht.« Dr. Vinnie antwortete: »Die gute Nachricht, Joey, ist, dass ich eine Krankheit nach Ihnen benennen werde.«

Nebenbei bemerkt: Baccala und Boompatz sind echte Spitznamen (ich schwöre, dass ich sie nicht erfunden habe). Dort, wo ich aufgewachsen bin, hatte jeder, der überhaupt jemand war, einen Spitznamen; hatte man keinen, war man auch niemand.

1,5 kg Rollbraten vom Rinderkamm (lassen Sie es der Einfachheit halber vom Metzger richten)

Salz und frisch gemahlener schwarzer Pfeffer

3 EL Mehl

3 EL Olivenöl *(extra vergine)*

2 EL Butter

1,5 kg Zwiebeln, geschält und in dünne Ringe geschnitten

1 Lorbeerblatt

6 Knoblauchzehen, geschält und in dünne Scheiben geschnitten

¼ TL zerstoßene getrocknete Chilischoten

2 Zweige frischer Thymian

600 ml trockener Weißwein

250 ml Marsala

1,5 l Hühnerbrühe (Seite 216)

Fleisch mit Salz und Pfeffer würzen und mit Mehl bestäuben. Olivenöl und Butter in einem großen Suppentopf bei mittlerer Temperatur erhitzen und Fleisch rundum gleichmäßig bräunen. Auf einen Teller legen und Zwiebeln, Lorbeerblatt, Knoblauch, Chili und Thymian in den Topf geben. Mit wenig Salz und Pfeffer würzen und unter gelegentlichem Rühren 7–8 Minuten braten, bis die Zwiebeln zusammenfallen. Weißwein und Marsala zugießen, zum Kochen bringen und Flüssigkeit auf die Hälfte einkochen lassen. Fleisch zusammen mit der Brühe wieder in den Topf geben, abschmecken und aufkochen lassen. Temperatur reduzieren, Topf zudecken und Fleisch 2 Stunden schmoren lassen; dabei alle 30 Minuten wenden. Das Fleisch ist gar, wenn sich eine eingestochene Fleischgabel ohne Widerstand herausziehen lässt. Aus dem Topf nehmen und zugedeckt auf einem Teller warm stellen. Temperatur erhöhen, Sauce aufkochen lassen und auf die Hälfte einkochen. Sie sollte hellbraun und sämig sein.

Garn entfernen und Fleisch in dünne Scheiben schneiden. Lorbeerblatt und Thymian aus der Sauce nehmen. Sauce mit den Zwiebeln über die Bratenscheiben geben und servieren.

Für 6 Personen

Uccelletti di Campagna

Gegrillte Schweinerouladen

Ich habe einen guten Freund namens Joe, der wie mein Vater aus Castellammare del Golfo stammt. Von ihm habe ich viele schöne Rezepte, so auch dieses. Joe kann auch wunderbar erzählen, zum Beispiel von dem 80-jährigen Mann aus Castellammare. Er hatte den Mann schon längere Zeit nicht mehr gesehen. Eines Tages kam er weinend zu ihm. »Was ist los?« fragte Joe. »Meine Frau ist gestorben«, antwortete der Alte. Joe kondolierte ihm. »Ist schon in Ordnung«, sagte der Alte, »sie ist schon vor neun Jahren gestorben« und berichtete, wie er eine Frau geheiratet hatte, die halb so alt war wie er, wie sie für ihn sorgte, für ihn kochte und wie sehr sie ihn liebte. »Mamma mia!« rief Joe. »Also wo liegt das Problem?« Darauf schluchzte der Alte: »Ich habe vergessen, wo ich wohne!«

Dieses Rezept ist eine sehr herzhafte Zubereitung für Schweinefleisch. Es besitzt dank der interessanten Mischung aus Salbei, Ingwer und Zimt neben Knoblauch und Olivenöl auch eine etwas exotische Note. *Uccelletti* bedeutet, nebenbei bemerkt, Vögelchen, eine traditionelle italienische Bezeichnung für diese köstlichen kleinen Rouladen.

6 Knoblauchzehen, geschält und gehackt

2 EL frischer Salbei, gehackt

1 EL frisch geriebener Ingwer

½ TL gemahlener Zimt

1 EL Olivenöl *(extra vergine)*

8 Schweineschnitzel (je ca. 90 g)

Salz und frisch gemahlener schwarzer Pfeffer

8 dünne Scheiben Prosciutto

Brot vom Vortag, in 16 ca. 5 cm große Würfel geschnitten

8 dünne Scheiben Pancetta, halbiert

16 Bambusspieße, in Wasser eingeweicht

Knoblauch, Salbei, Ingwer, Zimt und Olivenöl zu einer Paste verrühren. Auf die Seite stellen.

Schnitzel mit Salz und Pfeffer würzen. Knoblauchpaste mit dem Rücken eines Teelöffels gleichmäßig auf den Schnitzeln verstreichen, jedes mit einer Scheibe Prosciutto belegen und in der Mitte durchschneiden. Hälften von der Schmalseite her zusammenrollen.

Jeden Brotwürfel mit Olivenöl bestreichen und in eine halbe Scheibe Pancetta wickeln. Abwechselnd Rouladen und Brotwürfel mit einem kleinen Abstand auf die Bambusspieße fädeln. 4 Minuten auf jeder Seite grillen und sofort servieren.

Für 8 Personen

Prosciutto

Prosciutto bedeutet Schinken. Man unterscheidet grundsätzlich zwischen *prosciutto cotto* (gekochtem Schinken) und *prosciutto crudo* (rohem Schinken). Der gekochte ist mehr oder weniger das, was wir als Brotbelag verwenden. Der rohe, original italienische *prosciutto crudo* zählt hingegen zu den berühmten italienischen Spezialitäten und erfreut sich auf der ganzen Welt großer Beliebtheit. *Prosciutto crudo* wird aus der Schweinekeule hergestellt, die trocken gepökelt und 13 Monate an der Luft getrocknet wird, um sie haltbar zu machen. Man schneidet den Prosciutto sehr dünn auf, belegt damit Sandwiches *(panini)* oder serviert ihn mit Melonen oder Feigen als Vorspeise.

Ein guter Schinken hält geschmacklich die Balance zwischen süß und salzig und ist eine perfekte Kombination aus magerem trockenem Fleisch und saftigem, dünnem Speckrand. Er sollte nach dem Aufschneiden sehr bald verzehrt werden, da er sonst austrocknet. Man kann die Scheiben, durch Frischhaltefolie getrennt und in einem Gefrierbeutel verpackt, ein paar Tage im Kühlschrank aufbewahren, aber warum warten? Prosciutto wird auch bei vielen Fleischgerichten als Zutat verwendet, um sie zu aromatisieren und gehaltvoller zu machen. Wenn Sie ihn zum Kochen verwenden, bedenken Sie immer, dass er sehr viel Salz enthält, deshalb sollten Sie mit etwaigen Salzzugaben eher zurückhaltend sein.

Der beste *prosciutto crudo* kommt aus Parma, wo die Schweine mit der Molke gefüttert werden, die bei der Parmesanherstellung übrig bleibt. Das Fleisch ist mild und delikat, und der Name klingt hübsch: Prosciutto di Parma.

Aus San Daniele, einem kleinen Ort in den Bergen des Friaul im Nordosten Italiens, kommt ein weiterer hochwertiger Prosciutto. Hier laufen die Schweine frei herum und fressen sich an Eicheln satt, wodurch ihr Fleisch ein unverwechselbares Aroma bekommt. Eine dritte exzellente Sorte kommt aus Berico-Euganeo, einer Region Venetiens (der Provinz von Venedig). Er ist zartrosa und noch süßer als der Parmaschinken.

Gaddina alla Diavola

Gegrilltes Huhn mit Pfeffer, Olivenöl und Zitrone

Wer liebt nicht gegrilltes Huhn, besonders wenn es so einfach und schmackhaft zubereitet wird wie hier? Das Rezept wird in meiner Familie schon seit Generationen weitergereicht. Erst kürzlich hat meine Großmutter eine Neuerung eingeführt, die das Marinieren sehr erleichtert: Geben Sie einfach alle Zutaten in einen reißfesten Gefrierbeutel – keine Mühe, keine Umstände. Wenn Sie keinen Holzkohlengrill im Garten haben oder das Wetter nicht mitspielt, können Sie das Huhn auch unter dem Grill im Backofen zubereiten.

Die Bezeichnung *alla diavola* wird in Italien für viele unterschiedliche Gerichte verwendet und bedeutet nach Art des Teufels, was so viel wie scharf und würzig heißt. Sizilien hat ein sehr heißes Klima, und wie in vielen anderen heißen Regionen ist die Küche auch hier sehr reich an Gewürzen. Dieses Rezept ist dafür ein gutes Beispiel. Natürlich kann man die Schärfe dem eigenen Geschmack anpassen, indem man mehr oder weniger Pfeffer verwendet.

1 Huhn (ca. 1,5 kg)

3 EL frisch gepresster Zitronensaft

1 EL zerstoßene schwarze Pfefferkörner

4 Knoblauchzehen, geschält und zerdrückt

4 EL Olivenöl *(extra vergine)*

2 TL Salz

Huhn in 8 Stücke zerteilen: Brustknochen durchtrennen und Keulen und Flügel abschneiden. Die Hühnerteile mit Zitronensaft, Pfefferkörnern, Knoblauch und Olivenöl in einen Bräter oder Gefrierbeutel geben, gut vermischen und zudecken (oder verschließen). Im Kühlschrank 2 Stunden unter gelegentlichem Rühren marinieren.

Die Hühnerteile aus der Marinade nehmen und mit Salz würzen.

Grill mit dem Grillrost etwa 20 cm vom Feuer entfernt vorbereiten. Huhn 12 Minuten unter gelegentlichem Bestreichen mit Marinade auf einer Seite goldbraun (nicht schwarz) grillen. Wenden, nochmals mit Marinade bestreichen und weitere 15 Minuten grillen. Sollte nicht mehr genügend Marinade vorhanden sein, kann man das Huhn auch mit Olivenöl bestreichen. (Im Backofen benötigt das Huhn dieselbe Garzeit.) Auf eine Servierplatte legen und sofort servieren.

Für 4 Personen

Serviervorschlag: Marinieren Sie Gemüse in der gleichen Marinade, grillen Sie es und reichen Sie es zum Huhn. Auch ein gemischter grüner Salat der Saison passt hervorragend dazu.

Polpettone

Hackbraten

Hackbraten? Ja, Sie lesen richtig, auch wir in Sizilien essen Hackbraten, und es hat noch nie Beschwerden gegeben, weil unser Rezept so gut ist. Was ist das Geheimnis eines guten Hackbratens? Das Gleiche, das auch für gute Fleischbällchen gilt: das Brot, natürlich. Manche glauben, dass ein Hackbraten aus 100 Prozent Fleisch besser ist und dass jemand, der Brot in seinen Hackbraten gibt, schummelt. Nichts könnte weiter von der Wahrheit entfernt liegen. Ein guter Hackbraten benötigt Brot, um saftig zu bleiben. Am besten eignet sich trockenes Brot, also werfen Sie es nicht weg, sondern probieren Sie dieses Rezept.

> 350 g Gehacktes vom Rind
> 350 g Gehacktes vom Schwein
> 350 g Gehacktes vom Kalb
> 30 g frische Minze, gehackt
> 30 g frische glatte Petersilie, gehackt
> 100 g frisch geriebener Parmesan
> 3 Eier
> 400 g trockenes Brot, in Milch eingeweicht
> Salz und frisch gemahlener schwarzer Pfeffer
> 2 EL natives Olivenöl
> 1 mittelgroße Zwiebel, geschält und gehackt
> 250 ml Hühnerbrühe (Seite 216)
> 2 Zweige frischer Rosmarin
> 2 Zweige frischer Salbei

Fleisch in einer Schüssel mit Minze, Parmesan, Petersilie, Eiern, Brot, Salz und Pfeffer gut verkneten und zu einem etwa 30 x 10 cm großen Hackbraten formen. Mindestens 15 Minuten ruhen lassen.

Backofen auf 180 °C vorheizen.

Olivenöl in einem Bräter bei mittlerer Temperatur erhitzen und Zwiebel leicht bräunen. Brühe zugießen und Hackbraten mit Rosmarin und Salbei hineingeben. 40 Minuten im Backofen goldbraun braten. Hackbraten aus dem Ofen nehmen und Rosmarin und Salbei entfernen. Braten in ca. 2 cm dicke Scheiben schneiden, auf einer vorgewärmten Platte anrichten, Zwiebeln darüber geben und servieren.

Für 8 Personen

Serviervorschlag: Das Gericht eignet sich hervorragend als Hauptgang, die Reste sind aber aufgewärmt oder kalt eine herrliche Zwischenmahlzeit und eignen sich auch als Brotbelag. Oder erhitzen Sie ihre liebste (scharf-würzige) Tomatensauce und geben Sie sie über den Hackbraten.

Gaddina alla Creta

Huhn im Tonmantel

Dieses sehr alte Rezept geht auf die Römerzeit zurück. Ich bin ihm in unterschiedlichen Versionen in ganz Italien begegnet. Diese stammt aus Sizilien, wo ich eine alte Frau traf, die dafür Ton in einem Fluss sammelte.

Nun brauchen Sie nicht zum nächsten Fluss zu gehen und Schlamm zu sammeln. Sie sollten aber ein Bastelgeschäft in Ihrer Nähe aufsuchen und ungiftigen Töpferton kaufen. Zusätzlich benötigen Sie ein großes Blatt Pergamentpapier, in das Sie das Huhn einwickeln, bevor Sie es mit Ton umhüllen. Es geht einfach nichts über den Moment, wenn Sie das Huhn auf den Tisch stellen und mit dem Hammer aufschlagen. Das wird Ihre Gäste verblüffen! Wenn sie dann von dem Gericht kosten, werden sie noch überraschter sein, denn durch diese Garmethode wird der ganze Bratensaft eingeschlossen, und es wird mit Sicherheit eins der saftigsten und aromatischsten Brathühner sein, das Ihre Gäste je genießen werden.

- **1 Huhn (ca. 1,5 kg)**
- **1 Zweig Rosmarin**
- **4 Zweige Salbei**
- **1 Paar süße italienische Würste, aus dem Darm gelöst**
- **Salz und frisch gemahlener schwarzer Pfeffer**
- **20 dünne Scheiben Pancetta**
- **1,5 kg Töpferton**

Huhn innen und außen gründlich waschen und gut trockentupfen. Mit Rosmarin, Salbei und Wurstbrät füllen, außen mit Salz und Pfeffer würzen und die Brust mit den Pancettascheiben belegen. Huhn in ein großes Blatt Pergamentpapier wickeln; dabei sicherstellen, dass es vollkommen eingehüllt ist und das Papier kein Loch hat.

Backofen auf 220 °C vorheizen.

Ton zwischen zwei Schichten Frischhaltefolie zu einer runden, ca. 1,5 cm dicken Platte ausrollen, die groß genug ist, das Huhn zu umschließen. Folie entfernen, Huhn in die Mitte der Tonplatte setzen und vollständig mit Ton umhüllen; Ränder dicht schließen. Huhn im Tonmantel auf ein Backblech setzen und 1 Stunde und 10 Minuten im Backofen garen.

Huhn aus dem Ofen nehmen, zu Tisch bringen und den Tonmantel mit einem Holzhammer oder dem Griff eines großen Messers aufbrechen. Den Tonmantel entfernen, Pergamentpapier abnehmen, Huhn tranchieren und mit der Füllung als Beilage servieren.

Für 4 Personen

Weine des Südens

Wein und Essen – sie gehören zusammen wie Rauch und Feuer, Liebe und Romantik, Spaghetti und Fleischbällchen. Aber im Ernst. nichts regt mich so auf wie ein Weinsnob, und vor nichts habe ich mehr Respekt als vor echten Weinkennern. Mich beeindrucken diejenigen, die einen der weniger bekannten, doch genauso delikaten Weine Süditaliens oder Siziliens bestellen. Sie sind nicht teuer, und einige besitzen echte Weltklasse. Hier einige Beispiele:

Nicht weit von Castellammare in Alcamo werden sehr gute Weißweine angebaut.

In den Abruzzen im Osten von Rom findet man den hervorragenden roten Montepulciano d'Abruzzo sowie den weniger bekannten weißen Trebbiano d'Abruzzo. In Apulien am Absatz des Stiefels sollten Sie nach den roten Aglianico del Vulture Ausschau halten, ganz zu schweigen von den berühmten roten Salice Salentino, die von Cosimo Taurino und anderen Herstellern ausgebaut werden.

Irpinia, die Region Kampaniens, zu der auch Avellino gehört, ist die Heimat des Taurasi, der unter Kennern auch Barolo des Südens genannt wird und problemlos 10–20 Jahre lagern kann. Der bekannteste Produzent ist die Familie Mastroberardino in Atripaldi. Sie bauen auch zwei sehr schöne Weißweine aus: den Greco del Tufo und den Fiano.

Die beiden bekanntesten Weine Siziliens werden von alten Adelsfamilien produziert. Einer ist der Regaleali (von der Familie Tasca) und der andere ist der Duca di Salaparuta. Sie haben vielleicht schon vom roten und weißen Corvo gehört, Produkten für den Massenmarkt aus demselben Hause, die sich hervorragend als Tafelweine eignen. Darüber hinaus bauen sie auch den Duca Enrico aus, einen überragenden Rotwein, der sich auch vor den großen Barolos und Bordeaux nicht zu verstecken braucht. Sollten Sie eine solche Flasche besitzen, heben Sie sie für eine besondere Gelegenheit auf, zum Beispiel für das Osterfest, an dem Sie ein ganzes Lamm braten.

6

Gemüse

verdure

*Vito Pesce, ein Cousin
meines Urgroßvaters*

Angesichts des milden Klimas, der langen, heißen Sommer und der nährstoffreichen Vulkanerde verwundert es nicht, dass Neapel eine großartige Gemüseküche aufzuweisen hat. Meine Rezeptauswahl spiegelt unser Doppelthema Neapel und Sizilien wider: Sie werden Gemüsesorten finden, die ich als typisch für die *cucina napolitana* halte: Bohnen, Fenchel, Blumenkohl, Tomaten, Tomaten und noch mehr Tomaten, während Sizilien eher die würzigen, süßeren, »exotischeren« Aromen bietet. Beiden Küchen gemeinsam aber sind reichlich Knoblauch und Olivenöl, zwei der gesündesten und schmackhaftesten Nahrungsmittel, die es überhaupt gibt. Also, auf zum Gemüsehändler!

In Italien serviert man Gemüse in der Regel irgendwann nach dem Hauptgericht. Der Zubereitung wird mindestens genauso viel Aufmerksamkeit und Sorgfalt gewidmet wie den Antipasti, der Pasta und den Fleischgerichten; dem Gemüse kommt eine ebenso große Bedeutung in der Speisefolge zu, und es wird praktisch als eigener Gang angesehen.

Beim Gemüse kommt es vor allem auf Frische an. In Italien geben sich die Händler große Mühe, ihre Ware vor dem Laden so

Gatto di Patate

Neapolitanischer Kartoffelkuchen

Dieses Rezept erinnert mich an einen Besuch meines Onkels, der Geistlicher im Vatikan war. In Anbetracht seiner Nähe zum Papst war dies für die Familie ein ganz besonderes Ereignis. Wir planten ein großes Begrüßungsfest, bei dem auch dieses Gericht – eine seiner Lieblingsspeisen – auf den Tisch kam. Allerdings gab es ein Problem: Seine Nichte, meine Cousine Carmela, hatte sich nach zwei Jahren Ehe scheiden lassen, und niemand hatte sich getraut, Onkel Anthony davon zu erzählen. Als er beim Essen nach ihrem Ehemann Joey fragte, senkte sich großes Schweigen über den Tisch. Schließlich konnte sein Bruder Frank es nicht länger aushalten. »Anthony«, begann er, »es tut mir Leid, aber sie haben sich getrennt.« »Getrennt? Du meinst, sie sind geschieden?« Allen blieb der Mund offen, dann nickten sie. »Bene!«, erwiderte Seine Heiligkeit Pater Anthony. »Ich konnte den Kerl sowieso nie leiden!«

1 kg mehlig kochende Kartoffeln, geschält und geviertelt

8 EL (125 g) Butter, in kleine Stücke geschnitten

150 g frisch geriebener Parmesan

125 g Prosciutto, in kleine Würfel geschnitten

2 Eier, verquirlt

Salz und frisch gemahlener schwarzer Pfeffer

30 g glatte Petersilie, gehackt

250 g Mozzarella, in Würfel geschnitten

3 EL Olivenöl *(extra vergine)*

120 g Semmelbrösel

Kartoffeln in einem großen Topf mit kochendem Salzwasser etwa 20 Minuten kochen, bis sie fast gar sind. Abgießen, durch eine Kartoffelpresse drücken und mit 5 Esslöffeln Butter, Parmesan, Prosciutto, Eiern, Salz, Pfeffer und Petersilie verrühren.

Backofen auf 190 °C vorheizen.

Inzwischen Mozzarella in einer Schüssel mit Olivenöl, Salz und Pfeffer gut mischen.

Boden einer Backform mit 24 cm Durchmesser mit 1 Esslöffel Butter bestreichen, mit Semmelbröseln vollständig bedecken und die Hälfte der Kartoffelmischung über Boden und Rand verteilen. Dann die gewürzten Mozzarellawürfel in die Mitte der Form geben, mit der restlichen Kartoffelmischung bedecken und mit den restlichen Semmelbröseln bestreuen. Zum Schluss restliche Butter in Flöckchen darüber verteilen und den Kuchen etwa 45 Minuten backen, bis er goldbraun ist. 5 Minuten ruhen lassen, dann einen Teller umgekehrt auf die Form legen und den Kuchen stürzen. Sofort servieren.

Für 8 Personen

Finocchi
in Sugo Finto

Fenchel in Tomatensauce nach Bauernart

Beim Gemüse gehören Fenchel und Tomaten zu den reizvollsten Geschmackskombinationen. Dünn geschnitten ergeben sie mit Olivenöl- und Essigdressing einen großartigen Sommersalat. Und wie wäre es mit gehobeltem Fenchel und Parmesan, dazu etwas Olivenöl und Zitronensaft? (Wenn Sie etwas Besonderes zaubern wollen, verwenden Sie Trüffelöl.) Fenchel lässt sich auch sehr gut schmoren, grillen oder braten. Wenn Sie noch nie gekochten Fenchel gegessen haben, beginnen Sie am besten mit dem folgenden Rezept:

4 mittelgroße Fenchelknollen, Stiele entfernt

250 g Weizenmehl

5 EL Olivenöl *(extra vergine)*

Salz und frisch gemahlener schwarzer Pfeffer

2 Knoblauchzehen, geschält

1 kg vollreife Eiertomaten, durch ein Passiergerät gestrichen

Fenchelknollen senkrecht in 1 cm dicke Scheiben schneiden, mit etwas Mehl bestäuben und Überschuss abklopfen.

Olivenöl in einer großen Pfanne bei mittlerer Temperatur erhitzen. Fenchelscheiben auf beiden Seiten etwa 2 Minuten braten, bis sie goldbraun sind, und mit Salz und Pfeffer würzen. Knoblauch und Tomaten zufügen, Temperatur reduzieren und alles 15 Minuten köcheln lassen; dabei darauf achten, dass der Fenchel nicht anbrennt. Sofort servieren.

Für 4 Personen

PAPRIKA-
SCHOTEN
ABZIEHEN

Kaufen Sie bei Ihrem Gemüsehändler erstklassige rote, grüne oder gelbe Paprikaschoten und halten Sie diese direkt in die Flamme Ihres Gasherds oder legen Sie sie auf die heiße Holzkohle Ihres Grills bzw. unter den Elektrogrill. Die Schoten müssen so lange geröstet werden, bis die Haut völlig schwarz ist (Sie können die Schoten am Stiel anfassen und wenden). Wenn man sie anschließend unter fließend kaltes Wasser hält, lässt sich die verkohlte Haut mühelos abziehen. Falls Sie die Paprikaschoten nicht im Freien, sondern in der Küche abziehen wollen, sorgen Sie für eine gute Entlüftung, da sie einen stechenden Geruch verbreiten. Glauben Sie mir – wenn der Dunstabzug nicht eingeschaltet oder das Fenster nicht weit geöffnet ist, wird das ganze Haus zusammenlaufen: »Was brennt denn in der Küche an?« Die Schoten werden nach dem Abziehen halbiert und die Samen sowie Scheidewände entfernt. Das Fruchtfleisch verwendet man als Rezeptzutat oder serviert es in einem Salat bzw. als Beilage.

Insalata di Rinforzo Napolitana

Blumenkohlsalat Napolitana

Blumenkohl wird häufig unterschätzt, dabei ist er ein vielseitiges, schmackhaftes, nahrhaftes und nicht zuletzt preiswertes Gemüse. Den hier beschriebenen Salat serviert man in Italien traditionsgemäß zu Weihnachten – nicht nur dort einer der wichtigsten Feiertage des Jahres. Aber das Besondere am italienischen Weihnachtsfest ist, dass es 12 Tage dauert: Es erreicht seinen Höhepunkt erst am 6. Januar, dem Dreikönigstag, wenn nicht der Weihnachtsmann, sondern die gute Hexe La Befana den Kindern die Geschenke bringt.

In Neapel serviert man diesen Salat häufiger während der Feiertage. Blumenkohl, Möhren und Paprikaschoten werden gekocht und mit Weißweinessig, zerstoßenen getrockneten Pfefferschoten, Öl, Sardellen und Gaeta-Oliven eingelegt. So erhält man ein belebendes, würziges »Stärkungsmittel«, worauf auch der italienische Name des Rezepts hinweist – *rinforzo* bedeutet Verstärkung. Man findet diesen Salat auch unter dem Namen *insalata giardiniera* (Gartensalat) in italienischen Feinkostgeschäften oder Supermärkten – aber es empfiehlt sich, ihn nach dem hier beschriebenen Rezept selbst zu machen.

Bereiten Sie diesen Salat möglichst lange vor dem Servieren zu – ich empfehle etwa 3 Stunden im Voraus –, damit die Gemüse im Dressing marinieren können und sich die köstlichen Aromen miteinander verbinden.

1 Blumenkohl, in kleine Röschen geteilt und von den Stielen befreit

Salz und frisch gemahlener schwarzer Pfeffer

80 ml Olivenöl *(extra vergine)*

3 EL Rotweinessig

2 große Zweige frischer Oregano

8 Sardellenfilets, gespült und in feine Streifen geschnitten

100 g Gaeta-Oliven, entkernt und halbiert

50 g Kapern, gespült

400 g rote Paprikaschoten, abgezogen (siehe Seite 171) und mit Essig und Öl angemacht

Blumenkohlröschen in kochendem Salzwasser 3–5 Minuten kochen, bis sie gar sind. (Die Röschen können auch gedämpft werden.) Unter fließendem kaltem Wasser abschrecken und gut abtropfen lassen. Röschen mit Olivenöl und Essig in eine Schüssel geben und mit Salz und Pfeffer würzen. Oreganoblättchen abzupfen und zusammen mit den Sardellen, Oliven und Kapern zum Blumenkohl geben. Paprikaschoten in feine Streifen schneiden, ebenfalls in die Schüssel geben und alles gründlich mischen. Den Salat vor dem Servieren mindestens 3 Stunden bei Zimmertemperatur ruhen lassen.

Für 8 Personen

Palermo und der Vucciria-Markt

Einer der Gründe, warum ich so gerne in die alte Heimat reise, ist die zauberhafte Atmosphäre einer Stadt wie Palermo. Sie ist in vielerlei Hinsicht eine typisch italienische Stadt, und doch wieder ganz anders. Die Straßen sind von Palmen gesäumt. Es ist eine quirlige Stadt mit einem wahnwitzigen Verkehr, voller kleiner, schneller Autos und Motorroller und sogar einzelner Pferdewagen und zweirädriger Karren. Die Wohnviertel der Altstadt sind ein Labyrinth von Sträßchen und Gässchen, die sich von den Durchgangsstraßen wegschlängeln und mit alten, ziegelgedeckten weiß getünchten Häusern gesäumt sind. Wo man hinblickt, fallen die Gegensätze von uralt und modern ins Auge.

In Sizilien pflegt man seit alter Zeit die hölzernen Pferdekarren verschwenderisch zu schmücken; bei einer meiner Reisen sah ich sogar einen dreirädrigen Lieferwagen, den sein Besitzer liebevoll mit bunten Wimpeln, Pailletten und anderem Schnickschnack geschmückt hatte. Im Stadtzentrum ragen die typischen Balkone mit ihren kunstvoll geschmiedeten Geländern über den Gehweg, und jeder hängt seine Wäsche zum Trocknen im Freien auf. Warum Geld für einen Trockner ausgeben?

Wie in anderen italienischen Städten ist auch in Palermo das Tempo hektisch, aber man findet immer noch die Zeit, die einfachen Freuden des Lebens zu genießen. Für mich als New-Yorker ist es ein unglaublicher Genuss, bei einer Tasse Espresso oder einer *granita di caffè* (im Prinzip ein gefrorener Espresso) zu entspannen. Das liebe ich so an den Italienern: Sie besitzen eine unglaubliche Energie, aber sie wissen auch, wie man sich die Zeit nimmt, Essen, Trinken, Kunst und Musik zu genießen.

Mitten im Zentrum des alten Palermo um die Piazza Caraciolo liegt der Vucciria-Markt, einer der großartigsten Lebensmittelmärkte, die Sie je erleben werden. Nur ein paar Schritte abseits der Via Roma betritt man eine andere Welt, ein Paradies für Genießer. Ich werde schon ganz aufgeregt, wenn ich nur davon schreibe.

Auf der Vucciria wird alles vom Schwertfisch bis hin zu Schnecken, von Riesenzucchini bis hin zu Maiskolben feilgeboten. Die Obst- und Gemüsestände sind riesig und biegen sich unter der Last der frischen Produkte von der ganzen Insel. Hier findet man von allem etwas, einschließlich eines Hauchs Exotik: Tomaten, Paprika, Blattsalat, Spinat, Brokkoli, Kürbisse und so weiter, Seite an Seite mit meterlangen Zucchini, die Sie ganz gewiss nicht bei Ihrem Gemüsehändler um die Ecke finden werden. Maiskolben auf dem Wochenmarkt im August überraschen sicher niemanden, aber in Palermo im Juni? Und doch liegen sie da.

Daneben gibt es Stände, die getrocknete und eingelegte Produkte, typisch sizilianische Zutaten, verkaufen: *mandorle* (Mandeln), *lenti* (Linsen), *carruba* (Johannisbrotfrüchte), *mais tostado* (gerösteter Mais), *fave pepate* (scharfe dicke Bohnen), *noce di Sorrento* (Walnüsse aus Sorrent), *caperi di Pantelleria* (große, salzige Kapern von der Insel Pantelleria, wo auch die *lenti di Pantelleria* angebaut werden), *origano* (klar: Oregano), *piselli* (Trockenerbsen), *sultanine* (Sultaninen) und *fagioli di Spagna* (weiße Bohnen). Und vielleicht findet man auch *fiori di fichidindia* (Sizilianisch für getrocknete Feigenblüten), die zu einem Tee aufgebrüht werden, der gut für Nieren und Kreislauf ist.

Die Fischhändler bieten ein beeindruckendes Sortiment von Thun- und Schwertfischen feil, deren Köpfe mit stolz in die Luft gerecktem Schwert aufgestellt werden, neben den üblichen Sorten wie Barsch, Kabeljau, Sardinen und Sardellen. Einige von ihnen verkaufen auch exotischere Delikatessen wie *babbaluci* (kleine Seeschnecken), winzige *scungilli* (Wellhornschnecken) und vielleicht sogar *neonati* (neugeschlüpfte Fische).

Allerorten sieht man Menschen auf der Straße essen – das hat in Sizilien Tradition. In den großen Städten wie Palermo und Catania genauso wie in den kleinen Orten am Meer findet man vor allem an Fest- und Feiertagen zahllose fliegende Händler, die Meeresfrüchte – Oktopus, Miesmuscheln, Austern, Venusmuscheln, Seegurken, Seeschnecken – und viele andere köstliche Leckereien verkaufen.

Insalata i Cippuddi

Zwiebelsalat auf sizilianische Art

Wenn man Köche nach ihrem Lieblingsgemüse fragt, nennen die wenigsten die Zwiebel – was ziemlich paradox ist, da Zwiebeln zu den am häufigsten verwendeten Gemüsesorten zählen und fast immer unterschätzt werden. Wenn Sie bisher noch kein reines Zwiebelgericht zubereitet haben, bietet sich das folgende Rezept an: Sobald Sie es probiert haben, werden Sie völlig überzeugt sein. Nur eine Warnung: Nach dem Genuss dieses Gerichts werden Sie einen intensiven Zwiebelgeruch verströmen!

Wie schneidet man Zwiebeln, ohne dabei in Tränen auszubrechen? Häufig hört man, man solle das Messer vor dem Schneiden anfeuchten, aber der eigentliche Trick besteht darin, ein sehr scharfes Messer zu verwenden. Denn stumpfe Klingen zerdrücken die Zwiebel, sodass Saft austritt, als winzige Partikel in der Luft die Augen reizt und die Tränen fließen lässt. Dagegen schneidet ein scharfes Messer mühelos durch die Zwiebelschichten, wobei nur wenig oder gar kein Saft austritt.

5 mittelgroße Gemüsezwiebeln, ungeschält

6 EL Olivenöl *(extra vergine)*

1 Knoblauchzehe, geschält und fein gehackt

¼ TL zerstoßene getrocknete Chilischoten

1 EL glatte Petersilie, gehackt

½ TL Rotweinessig

Salz und frisch gemahlener schwarzer Pfeffer

Backofen auf 150 °C vorheizen.

Wurzelende der Zwiebeln abschneiden und die Zwiebeln in 1 cm dicke Scheiben schneiden (die äußere Schale nicht entfernen). Ein Backblech leicht einfetten, die Zwiebelscheiben mit Olivenöl bestreichen und auf das Backblech legen. 1 Stunde backen, dann wenden und weitere 30 Minuten backen. Die Zwiebeln sollen karamellisiert, aber nicht verbrannt sein. Scheiben mit Hilfe eines Küchenspatels auf einen Servierteller legen und die äußere Schale sowie andere vertrocknete Schichten entfernen. Das restliche Olivenöl mit Knoblauch, Chili, Petersilie, 1 Esslöffel Wasser, Essig, Salz und Pfeffer zu einer Vinaigrette verrühren, mit einem Löffel über die Zwiebelscheiben geben und zimmerwarm servieren.

Für 6 Personen

Mulinciani a' Siciliana

Auberginen auf sizilianische Art

Dieser schmackhafte Auflauf aus Auberginen, Tomaten und geschmolzenem Käse ist schnell zubereitet. Reste lassen sich am nächsten Tag mühelos aufwärmen. Das Gericht eignet sich aber auch gut als Belag für ein Sandwich mit knusprigem italienischem Brot, und man kann es sogar als Sauce zu Nudeln servieren.

Fortsetzung auf Seite 184

60 ml Olivenöl *(extra vergine)*

1,5 kg Auberginen, geschält und längs in 5 mm dicke Scheiben geschnitten

Salz und frisch gemahlener schwarzer Pfeffer

1000 g geschälte Eiertomaten aus der Dose mit Saft, zerkleinert

1 Zweig Oregano, abgezupft und gehackt

1 großes Bund Basilikum

750 g frisch geriebener Pecorino romano (Sie können auch Parmesan oder Ricotta secca verwenden)

½ TL Kristallzucker

Olivenöl in einer Pfanne bei mittlerer Temperatur erhitzen. (Der Boden der Pfanne sollte stets mit Öl bedeckt sein; allerdings nicht zu viel hineingeben, da die Auberginen sehr viel Öl aufsaugen.) Auberginenscheiben portionsweise auf beiden Seiten goldbraun braten, mit Salz und Pfeffer würzen, in einen Durchschlag legen und abtropfen lassen.

Pfanne ausgießen und mit Küchenpapier auswischen. 3 Esslöffel Olivenöl bei mittlerer Temperatur erhitzen, Tomaten, Oregano, 6 Basilikumblätter, 2 Esslöffel geriebenen Käse, Zucker, Salz und Pfeffer zufügen, zum Kochen bringen und etwa 10 Minuten offen köcheln lassen.

Backofen auf 190 °C vorheizen.

Eine Lage Auberginen in eine eingefettete Auflaufform geben, mit Käse bestreuen und einige halbierte Basilikumblätter sowie etwas Sauce darüber geben. Weitere Schichten hineingeben, bis alle Zutaten verbraucht sind. 15 Minuten überbacken und noch heiß servieren.

Für 6 Personen

Insalata Verde cogli Agrumi

Gemischter Salat mit Zitrusfrüchten

Was könnte erfrischender – und sizilianischer – sein als dieser knackige Sommersalat mit frischen Zitrusfrüchten? Fertige Salatmischungen erleichtern zwar das Leben, aber ich bevorzuge die eigenen Kompositionen aus Kopfsalat, rotem Eichblattsalat und etwas Rucola.

Die Blutorange ist eine original sizilianische Zutat, aber natürlich können Sie stattdessen auch herkömmliche Orangen verwenden.

1,5 kg gemischter Salat (siehe oben)

½ Grapefruit, vorzugsweise eine rotfleischige Sorte

1 Blutorange

60 ml Olivenöl *(extra vergine)*

3 EL Rotweinessig

Salz und frisch gemahlener schwarzer Pfeffer

1 Schalotte, geschält und fein gehackt

Den Salat sorgfältig putzen, unter fließendem kaltem Wasser waschen und trockentupfen.

Grapefruit und Blutorange schälen, die weißen Häutchen entfernen und die Fruchtsegmente mit einem Messer herauslösen; dabei ausfließenden Saft auffangen. Früchte in eine Schüssel legen. Saft, Olivenöl, Essig, Salz, Pfeffer und Schalotte miteinender verrühren, über die Früchte geben, Salatblätter zufügen, vorsichtig mischen und sofort servieren. (Das Dressing erst kurz vor dem Servieren über den Salat geben, da die Blätter sonst weich werden und zusammenfallen.)

Für 4 Personen

dolci

Die Großmutter beim Auftragen.

Wie ich Ihnen vielleicht schon gestanden habe, kann ich Desserts einfach nicht widerstehen. Das ist wohl der kleine Junge in mir, der seine Gier nach Süßem nicht loswird. Nichts befriedigt mich mehr als einige knusprige Kekse, *brutti ma buoni*, oder vielleicht ein paar *taralli* zu einer Tasse Espresso oder eine gelungene Cassata mit einer Kugel Eiscreme. Auf die anderen Gänge könnte ich verzichten, und ich weiß, dass es etlichen von Ihnen ebenso geht.

In Süditalien und besonders Sizilien sind die Desserts, ob selbst gemacht, im Laden oder von einem Stand auf dem Jahrmarkt gekauft, häufig mit religiösen Feiertagen verknüpft. Ich möchte Ihnen in diesem Kapitel einige Beispiele wie die Sfince di San Giuseppe und Pani di Cena vorstellen. Italienische Desserts sind in der Regel nachkochbar und nicht übermäßig kompliziert. Die Italiener lieben zwar ihre Kuchen und Backwaren – die in den Schaufenstern und Vitrinen der *pasticcerie* (Konditoreien) stolz ausgestellt werden –, aber ein einfaches Mahl zu

Torta di Amaretto

Amarettotorte

Ich bin schon seit langem mit Vito Bari befreundet; eigentlich könnte man sagen, dass wir schon seit der Zeit vor unserer Geburt Freunde sind, da seine Familie aus Neapel stammt und mit meinen Vorfahren befreundet war, bevor irgendeiner von ihnen nach Amerika auswanderte. Wie so oft in Italien drehte sich das Leben der Baris um die Kirche, und zu deren Tradition gehört, dass man freitags zur Beichte geht. Ich erinnere mich, wie Vito als Kind solch schreckliche Angst vor dem Beichtstuhl hatte, dass er keinen Ton herausbrachte, wenn er dem Priester seine Sünden aufzählen sollte. Er konnte sich an keine einzige erinnern. Schließlich ließ ihn seine Mutter alles aufschreiben. Nachdem Vito den Beichtstuhl verlassen hatte, erkundigte sich seine Mutter beim Priester – auch diesmal keine Sünden … »Vito, was ist passiert?«, fragte sie. »Hattest du zu viel Angst, um deine Sünden vorzulesen?« »Nein, Mama«, erwiderte Vito, »es war nur viel zu dunkel da drin!«

Übrigens stammt das Rezept für diese köstliche Torte von Vitos inzwischen verstorbener Mutter.

200 g weiße Schokolade

1 Biskuitkuchen mit 20 cm Durchmesser

125 ml Amaretto (am besten Amaretto di Saronno)

24 Amaretti

1 Rezeptmenge Konditorcreme (Seite 218)

400 ml Crème double, geschlagen

Schokolade in kleine Stücke brechen und im Wasserbad schmelzen. In der Zwischenzeit einen Streifen Pergamentpapier schneiden, und zwar so breit, wie der Biskuitkuchen hoch ist, und so lang, dass er ganz um den Kuchen gelegt werden kann. Eine Seite des Papierstreifens mit der warmen Schokolade bestreichen.

Biskuitkuchen mit 60 ml Amaretto tränken. Papierstreifen mit der Schokoladenseite nach innen um den Kuchen legen und leicht andrücken, sodass die Schokolade am Kuchen haften bleibt. Kuchen ins Gefrierfach stellen, bis die Schokolade erstarrt ist. Dann das Papier vorsichtig abziehen.

10 Amaretti beiseite legen, restliche zerdrücken und unter die Konditorcreme rühren. Restlichen Likör zufügen und drei Viertel der Crème double vorsichtig unterheben. Crememischung auf den Kuchen geben und gleichmäßig verstreichen. Mit der Sterntülle des Spritzbeutels aus der restlichen Crème double 10 Rosetten – oder eine beliebige andere Verzierung – auf die Torte spritzen und jeweils mit den Amaretti garnieren. (Sie können statt des Spritzbeutels auch einen Löffel nehmen.) Vor dem Servieren mindestens 1 Stunde in den Kühlschrank stellen.

Ergibt 10 Tortenstücke

Taralluci Dolci

Süße Taralluci

Diese süßen Kringel sind eine neapolitanische Leckerei und erfreuen sich so großer Beliebtheit, dass es sogar die Redensart *a taralluci e vino* gibt, was so viel heißt wie: »Es wird ein Happy End geben.« Und tatsächlich werden sie häufig zu Wein gereicht – entweder zu einem Dessertwein wie *vin santo* oder zu einem Glas Rotwein. Also gönnen Sie sich einen freien Nachmittag, setzen Sie sich in einen Sessel auf die Terrasse, und genießen Sie ein Glas Wein und einen Teller Taralluci.

3 Eier + 1 Ei, verquirlt

140 g Zucker, mit ¼ Päckchen Vanillezucker vermischt

3 EL Anisette (oder anderer Anislikör)

1 TL Zimt

¾ TL Anissamen

600 g Mehl

Pflanzenöl zum Frittieren

Eier mit dem Zucker in einer Schüssel schaumig schlagen, Anisette, Zimt und Anissamen zufügen und gründlich mit dem Schneebesen verrühren. Mehl unter ständigem Rühren nach und nach zugeben, bis ein glatter Teig entsteht. Schüssel mit einem feuchten Tuch zudecken und 1 Stunde in den Kühlschrank stellen.

Teig in pflaumengroße Stücke teilen und auf der leicht bemehlten Arbeitsfläche zu 15 cm langen und 1 cm dicken Strängen rollen. Teigstränge zu Kringeln formen, Enden fest aufeinander drücken und mit etwas verquirltem Ei bestreichen.

Öl etwa 5 cm hoch in einem großen Topf bei mittlerer Temperatur erhitzen. Ein Teigstückchen probeweise hineingeben: wenn es sofort nach oben steigt und zischt, hat das Öl die richtige Temperatur. Jeweils 2–3 Kringel frittieren, nach 30 Sekunden herausnehmen und auf der Oberseite mit einem Messer einritzen, damit sie aufplatzen, wenn man sie wieder in den Topf gibt. Kringel weitere 2–3 Minuten frittieren, bis sie rundum goldbraun sind. Auf Küchenpapier abtropfen lassen, abkühlen lassen und sofort servieren.

Ergibt etwa 30 Stück

Torta di Nocciole

Haselnusstorte

Die meisten *torta*-Rezepte, die ich kenne, sind eher für pikante Kuchen und Pasteten als für eine süße Nachspeise gedacht. Dieses ist eine wunderbare Ausnahme – eine leicht zu backende, unglaublich köstliche Torte, die den cremiggehaltvollen Ricotta mit dem berauschenden Aroma leicht gerösteter Haselnüsse verbindet.

130 g Haselnüsse

120 g weiche Butter

100 g + 2 EL Zucker

4 Eier, getrennt

3 ½ EL Mehl, gesiebt

130 g Ricotta

2 TL abgeriebene, unbehandelte Zitronenschale

6 EL Aprikosenmarmelade, mit 1 EL Wasser verrührt

30 g Zartbitterschokolade, fein geraspelt

Backofen auf 190 °C vorheizen.

Nüsse auf einem Backblech im Backofen in ca. 10 Minuten goldbraun rösten. Abkühlen lassen, Haut abreiben und Nüsse fein hacken.

Butter und 100 g Zucker in einer großen Schüssel schaumig rühren. Eigelb zufügen und etwa 3 Minuten schlagen, bis die Mischung leicht und locker ist. Dann das Mehl unterheben.

Ricotta in einer zweiten Schüssel glatt rühren. Nüsse und Zitronenschale zufügen und in die Mehl-Eigelb-Mischung rühren. Eiweiß sehr steif schlagen, restlichen Zucker unterrühren und unter die Ricottamischung heben.

Tarteform mit 25 cm Durchmesser einfetten. Teig gleichmäßig einfüllen und 30 Minuten backen. Herausnehmen, etwas abkühlen lassen und auf einen Teller stürzen. Oberfläche mit Marmelade bestreichen, mit Schokoladenraspel bestreuen, abkühlen lassen und zimmerwarm servieren.

Für 8 Personen

Torrone di Noce

Walnusskrokant

In meiner Kindheit war *torrone* für mich das Höchste – ich hätte fast alles getan, um ein Stück zu ergattern. Man kann ihn so essen oder zerkleinern und als Kuchengarnierung oder Schicht in einer Eiscremetorte verwenden. Aber Vorsicht – *torrone* macht süchtig.

Pflanzenöl fürs Backblech

100 g Zucker

125 g Honig

3 EL frisch gepresster Orangensaft

400 g Walnussbruch

Backblech leicht einölen. Zucker, Honig und Orangensaft in einem Topf bei niedriger Temperatur erhitzen. Sobald der Zucker schmilzt, Walnüsse unterrühren und 3–4 Minuten kochen, bis die Mischung goldbraun und dickflüssig ist. Auf das Backblech geben, gleichmäßig verstreichen und etwas abkühlen lassen. Auf der Oberfläche der noch warmen Masse mit einem großen Messer 5 cm große Quadrate markieren und nach dem vollständigen Erkalten den Krokant an den markierten Stellen in Stücke brechen. In einem luftdicht schließenden Behälter aufbewahren.

Ergibt 375 g Walnusskrokant

Früchte aus dem Obstgarten

Das Klima in der Bucht von Neapel ist für den Obstanbau ideal. Ich liebe besonders den Anblick der wunderschönen Zitronenhaine an den steilen Hängen der Halbinsel von Sorrent. Die Bäume wachsen unter einem Gitterwerk aus Holz, das von Hand aus Ästen gezimmert ist und die Netze trägt, die die empfindlichen jungen Früchte vor dem kalten Wind und hungrigen Vögeln schützen.

Wenn Sie der gewundenen Küstenstraße in Richtung Positano folgen, eine der schönsten Strecken der Welt, können Sie bei einem Obst- und Gemüsestand anhalten und eine *granita di limone* genießen. Oder Sie erstehen eine vollreife Melone oder eine *cedro* (Zitratzitrone), die wie eine schrumpelige Zitrone aussieht, aber so groß wie eine Grapefruit ist. Ihr Fleisch ist ungenießbar sauer, aber die Schale ist sehr dick und aromatisch und wird entweder kandiert für Desserts verwendet oder zu Zesten gerieben.

Ein weiteres berühmtes Produkt aus der Gegend von Neapel sind die Walnüsse *(noci)*. Die *noci di Sorrento* sind in ganz Italien berühmt. Ich habe sie sogar auf dem Markt in Palermo gefunden.

Wenn die Hänge der Halbinsel von Sorrent schon ein Paradebeispiel für den Zitrusanbau im kleinen Rahmen sind, dann ist Sizilien dessen Zentrum. Der Conca d'Oro (Goldener Halbmond), ein ausgedehnter Streifen von Weinbergen und Obstplantagen oberhalb des Golfs von Castellammare zwischen Palermo und Castellammare, war einst das Hauptgebiet des sizilianischen Zitrusanbaus. Heute rangiert er hinter Gebieten wie Ribera im Süden oder auch Piano di Catania an der Ostküste im Schatten des mächtigen Ätna (mit über 3000 m der höchste Berg des Mittelmeerraums). Sizilien produziert überragende Zitrusfrüchte, von denen die berühmteste die *sanguinello*, die Blutorange, ist. Sie zeichnet sich nicht nur durch ihre Farbe aus, sondern ist sehr saftig und besitzt stärkere süße und saure Geschmacksnoten, was sie zur wohl beliebtesten Tafelorange der Welt macht.

Buccellato

Traditioneller Weihnachtskranz

Wer mag Weihnachten nicht? Man nennt es die schönste Zeit des Jahres, und es beschert uns einige der schönsten Gerichte des Jahres.

Als Kind war ich immer neugierig und stellte dauernd Fragen. Häufig fragte ich, bis ich den Blick meines Vaters spürte – dann wusste ich, dass es Zeit war, den Mund zu halten. Meine Lieblingsfrage war: »Wenn jemand im Sterben liegt und niesen muss – was wünscht man ihm?« Der Blick, den ich dafür erntete – *Madonn'*!

Wie Sie feststellen werden, ist der *buccellato* wie ein Adventskranz geformt. Jeder sizilianische Konditor, der etwas auf sich hält, kann einen perfekten *buccellato* zaubern – er ist einer jener prachtvollen Kuchen, die in den besten sizilianischen Konditoreien stolz neben anderen Spezialitäten wie Cassata präsentiert werden.

800 g Mehl

1 Prise Salz

¼ TL Backpulver

200 g Zucker

225 g Butter, in 1 cm große Würfel geschnitten

60 ml Milch

4 Eigelb

2 Eier

5 Tropfen Vanillearoma

225 g getrocknete Feigen

110 g Rosinen

50 g Pinienkerne

100 g Orangeat und Zitronat

4 EL Aprikosenmarmelade

1 Ei, mit 2 TL Wasser verquirlt, zum Bestreichen

Puderzucker zum Bestäuben

Mehl, Salz, Backpulver und Zucker in einer Schüssel vermischen. Butter mit den Fingern oder einem Holzlöffel einarbeiten, bis eine bröselige Mischung entsteht. Eine Mulde in die Mitte drücken, Milch, Eigelb, Eier und Vanillearoma hineingeben und zu einem glatten Teig verarbeiten. In Klarsichtfolie wickeln und 30 Minuten kalt stellen.

Inzwischen Feigen, Rosinen, Pinienkerne, Orangeat und Zitronat grob hacken (in der Küchenmaschine oder von Hand), Marmelade unterrühren und beiseite stellen.

Backofen auf 180 °C vorheizen.

Teig zu einem 45 x 60 cm großen Rechteck ausrollen. Füllung zu einer Rolle formen, die fast so breit ist wie das Teigrechteck, und auf die Mitte des Teigs setzen; dabei auf beiden Seiten einen gut 1 cm breiten Rand lassen. Teig so um die Füllung schlagen, dass eine zylindrische Form entsteht, und die Ränder andrücken. Auf ein leicht gefettetes Backblech legen, offene Enden der Rolle zusammenfügen, um einen Kranz zu bilden, und die Ränder zusammendrücken. Die gesamte Oberseite des Kranzes diagonal bis zur Füllung einschneiden.

Kranz 30 Minuten backen. Aus dem Backofen nehmen, Oberfläche mit dem verquirlten Ei bestreichen und weitere 30 Minuten backen, bis der Kranz goldbraun ist. Zum Schluss mit Puderzucker bestäuben und zimmerwarm servieren. Tiefgekühlt lässt sich der Kranz gut aufbewahren.

Für 20 Personen

Cannoli

Wie könnte ich jemals ein Buch über die sizilianische Küche schreiben. ohne darin ein Rezept für Cannoli vorzustellen, die berühmteste aller italienischen Gebäcksorten? Beim Genuss von Cannoli besteht hochgradige Suchtgefahr. und ich esse sie leidenschaftlich gern. vor allem zusammen mit einer guten Tasse Espresso. Man bekommt sie in jeder italienischen Konditorei und in jedem guten Café, aber es macht fast noch mehr Spaß, sie selbst zu backen. Dazu benötigen Sie die Metallröhren, in denen die Cannoli geformt werden – sie sind in gut sortierten Haushaltswarengeschäften erhältlich.

Sobald ich an Cannoli denke. fällt mir mein Onkel Tony. der Taxifahrer, ein. Er lud sich regelmäßig in die Küche meiner Großmutter »nur zu einer kleinen Kostprobe« ein und stopfte sich dann damit voll. Sie waren einfach so gut, dass er nicht widerstehen konnte. Hier also das Rezept:

Für den Teig
200 g Mehl
½ TL Zucker
1 TL Kakaopulver
1 EL Butter
1–2 EL trockener Weißwein
1 Ei, leicht verquirlt
Pflanzenöl zum Frittieren

Für die Füllung
2 EL Schokoladenstreusel
2 EL Orangeat und Zitronat
½ Crema di Ricotta (Seite 218)

TEIG: Mehl, Zucker und Kakaopulver in einer Schüssel vermischen und Butter mit den Fingern oder einem Holzlöffel einarbeiten. bis eine bröselige Mischung entsteht. Gerade so viel Wein zufügen, dass der Teig bindet. Nicht zu stark rühren, sondern aufhören. solange noch kleine Butterflöckchen zu sehen sind. Schüssel mit Klarsichtfolie zudecken und mindestens 30 Minuten in den Kühlschrank stellen.

Teig auf der leicht bemehlten Arbeitsfläche ca. 3 mm dick ausrollen. 8 Ovale ca. 9 x 13 cm groß ausschneiden und längs in die Mitte jedes Ovals eine Cannoliform legen. Dann die Teigränder über die Form schlagen. die Enden so übereinander legen, dass eine Teigröhre entsteht, und die Nahtstellen mit Ei bestreichen, um sie zu versiegeln.

Öl etwa 10 cm hoch in einem großen Topf bei mittlerer Temperatur auf 180 °C erhitzen. (Temperatur mit einem Fettthermometer prüfen oder ein Teigstückchen in den Topf geben; wenn es sofort nach oben steigt und zischt, hat das Öl die richtige Temperatur.) Die Cannoli mit den Metallröhren portionsweise frittieren. bis sie rundum goldbraun sind. Auf Küchenpapier abtropfen lassen und die Röhren entfernen, solange die Cannoli noch warm sind. Abkühlen lassen und füllen. (Die Teigröhrchen sind in einem luftdicht schließenden Behälter bei Zimmertemperatur bis zu einer Woche haltbar.)

FÜLLUNG: Schokoladenstreusel. Orangeat und Zitronat unter die Ricottacreme rühren. Masse mit einem Löffel in die Teigröhrchen füllen und sofort servieren.

Ergibt 8 Cannoli

Sizilianische Straßenfeste

Eine der schönsten Arten der Italiener, ihre Kultur lebendig zu erhalten, sind die Straßenfeste mit ihren religiösen und – natürlich – kulinarischen Traditionen.

Glauben Sie mir: Die Italiener haben wirklich viele Heilige. Wenn Sie einen Blick auf einen italienischen Kalender werfen, stellen Sie fest, dass tatsächlich jeder Tag des Jahres einem besonderen Heiligen gewidmet ist und meist an dessen Geburt oder Martyrium erinnert. Wenn Sie einen Grund zum Feiern suchen und gerade niemand Geburtstag hat, können Sie immer noch auf den Tag eines Heiligen mit dem Namen eines Freundes oder Bekannten ausweichen. Jede kleine Stadt und jedes Dorf in Italien hat einen Schutzheiligen, sodass es wirklich immer genügend Gründe für eine Feier gibt.

Die Prozessionen, das Essen und natürlich die Messen in der Kirche haben häufig einen symbolischen Bezug zu einer Begebenheit im Leben des Heiligen oder zu einem wichtigen Ereignis in der Geschichte des Ortes. Am 13. Dezember, dem Fest der heiligen Lucia, isst man zum Beispiel statt Brot einen *grana* genannten und nicht gerade wohlschmeckenden Brei aus gekochtem Weizen, der an eine Dürrezeit und Hungersnot erinnert. In der Zeit um den 2. November, Allerseelen, isst man *ossa dei morti* (Totenbeine), harte und süße Kekse, die zum Dippen geeignet sind.

Wie in Sizilien gibt es auch bei uns in Brooklyn Prozessionen zur Feier der Heiligen. Jeder macht mit, die Kapellen spielen, die Kinder basteln Szenen aus dem Leben der Märtyrer, und die Frauen kochen. Anfang August, zum Fest der heiligen Fortunata, der Schutzheiligen von Baucina, kommen in Brooklyn rund 7000 Menschen zur Prozession und 800 zur Messe in der Regina-Pacis-Kirche, wo Sizilianer aller Altersstufen und Gesellschaftsschichten die alten Hymnen in ihrer Muttersprache singen.

Latte Fritto

Frittierter Pudding

Diese typisch sizilianische Nachspeise – deren italienischer Name, wörtlich übersetzt, frittierte Milch bedeutet – lässt sich sehr einfach zu Hause selbst zubereiten. Dazu wird aus Speisestärke, Milch und Eiern ein Pudding hergestellt und dann in Öl frittiert. Achten Sie darauf, die Rezeptanleitung möglichst genau zu befolgen, damit die Stärke keine Klümpchen bildet. Und denken Sie daran, dass der Pudding mindestens 4 Stunden kalt gestellt werden muss, bevor Sie ihn frittieren können.

Für den Pudding

100 g Speisestärke

150 ml Milch

3 Eier, leicht verquirlt

6 Eigelb

150 g Zucker

abgeriebene Schale von 1 unbehandelten Zitrone

10 Tropfen Vanillearoma

4 EL Butter

50 g Mehl, gesiebt

2 Eier, mit 2 EL Wasser verquirlt

150 g Semmelbrösel

Pflanzenöl zum Frittieren

200 g Zucker, mit 1 TL Zimt verrührt

Stärke in 125 ml Milch auflösen; dabei kräftig rühren, damit sich keine Klümpchen bilden. Eier und Eigelbe zur Stärkemischung geben. Restliche Milch mit dem Zucker in einem Topf bei mittlerer Hitze zum Kochen bringen. Den Topf von der Hitze nehmen, etwas heiße Milch unter die Stärkemischung mischen und diese mit einem Schneebesen in die Milch rühren. Zitronenschale zufügen, alles unter ständigem Rühren 30–60 Sekunden erneut erhitzen und kochen, bis die Mischung sämig wird. Topf vom Herd nehmen und Vanillearoma und Butter gründlich unterrühren.

Eine 20 x 40 cm große Backform mit Klarsichtfolie auslegen, die Puddingmischung hineingeben und gleichmäßig verteilen. Oberfläche mit einem Stück gebuttertem Pergamentpapier zudecken und 4–6 Stunden in den Kühlschrank stellen, bis der Pudding erstarrt ist.

Pergamentpapier entfernen, einen Teller umgekehrt auf die Form legen und den Pudding stürzen. Klarsichtfolie abziehen und Pudding in 5 cm große Quadrate schneiden. Jedes Quadrat in Mehl wenden, in verquirltes Ei tauchen und in den Semmelbröseln panieren. Öl knapp 3 cm hoch in einen großen Topf gießen und bei mittlerer Temperatur auf 180 °C erhitzen. (Ein Puddingstückchen probeweise in den Topf geben; wenn es sofort zischt, hat das Öl die richtige Temperatur.) Quadrate portionsweise frittieren, bis sie auf allen Seiten goldbraun sind. Auf Küchenpapier abtropfen lassen, in der Zimt-Zucker-Mischung wälzen und warm servieren.

Ergibt 12 Stück

Sfince
di San Giuseppe

Windbeutel San Giuseppe

Der heilige Joseph, dessen Namenstag auf den 19. März fällt, gehört zu den am meisten verehrten Heiligen Siziliens. Eine der bedeutendsten Tradionen zu Ehren dieses Festtags – neben dem Backen dieser Windbeutel – ist der Bau kunstvoller Altäre aus Brot. Zum Schluss der Festlichkeiten bricht jede Familie ein Stück aus dem Altar und bewahrt es bis zum nächsten Jahr als Glücksbringer auf. Vor einigen Jahren hatte mein Vater eine Menge Probleme. Wir haben eine Weile gebraucht, bis wir die Ursache dafür fanden: Jemand hatte das Stück Brot nicht aufbewahrt, sondern aufgegessen!

Für den Teig
250 ml Milch
3 ½ EL Butter, in kleine Stücke geschnitten
1 Prise Salz
200 g Mehl, gesiebt
3 Eier

Pflanzenöl zum Frittieren
1 Rezeptmenge Crema di Ricotta (Seite 218)
Puderzucker zum Bestäuben

Milch, Butter und Salz in einem Topf bei mittlerer Temperatur zum Kochen bringen. Mehl unterrühren, Topf von der Hitze nehmen und die Masse schlagen, bis sie sich vom Rand löst. Eier unter ständigem Rühren nacheinander zufügen und gründlich verrühren.

Öl etwa 10 cm hoch in einen großen Topf gießen und bei mittlerer Temperatur auf 180 °C erhitzen. (Temperatur mit dem Fettthermometer prüfen oder ein Teigstückchen ins Öl geben; wenn es sofort nach oben steigt und zischt, hat das Öl die richtige Temperatur.)

Mit einem Teelöffel winzige Teigstückchen (¼ TL) abstechen und rundum goldbraun frittieren. Nicht zu viele gleichzeitig in den Topf geben, da sie sehr stark aufgehen. Auf Küchenpapier abtropfen und abkühlen lassen. Einen Deckel abschneiden, Gebäck mit Ricottacreme füllen und Deckel wieder aufsetzen. Mit Puderzucker bestäuben und zimmerwarm servieren.

Ergibt etwa 24 Windbeutel

Cassata

Wenn Cannoli die berühmteste Nachspeise der sizilianischen Küche ist, dann rangiert Cassata nur sehr knapp dahinter auf Platz zwei. Alberto Meschino, der Großvater meiner Frau, ist ein großer Cassata-Liebhaber. Aber er hat nicht nur eine Vorliebe für Süßes, sondern auch einen grünen Daumen, und jahrelang leitete er eine der besten Baumschulen von Rhode Island. Alberto war ein harter Arbeiter von außergewöhnlicher Sturheit. Als er feststellte, dass sein Lieblingskirschbaum von Vögeln abgefressen wurde, fällte er ihn mit den zornigen Worten: »Kein verdammter Vogel isst sich an meinen Kirschen satt!«

Für dieses Rezept benötigt man Marzipan, jene unwiderstehliche Mischung aus Zucker und Mandeln, die sich so gut formen lässt. Die besten Marzipankünstler sind in der Lage, eine Frucht so genau nachzubilden, dass man kaum den Unterschied zwischen Original und Fälschung erkennen kann. Marzipanrohmasse bekommen Sie in Süßwarengeschäften und gut sortierten Supermärkten. Bei der Verarbeitung sollten Sie darauf achten, dass die Masse nicht austrocknet und bricht, sondern gut gekühlt und möglichst nicht an der Luft steht. Am besten wickelt man sie in Klarsichtfolie oder legt sie in einen luftdicht verschließbaren Behälter.

Fett für die Form

Für den Teig
6 Eier, zimmerwarm
140 g Zucker
1 TL unbehandelte, abgeriebene Orangen-schale
200 g Mehl

230 g Marzipanrohmasse
100 g Puderzucker

Für den Zuckersirup
5 EL Zucker
200 ml Wasser
2 EL Grand Marnier

3fache Rezeptmenge Crema di Ricotta (Seite 218)

Für die Glasur
300 g Puderzucker
Saft von ½ Zitrone
3 Tropfen Zitronenaroma

kandierte Früchte zum Garnieren

Backofen auf 180 °C vorheizen.

TEIG: Boden und Rand einer Springform mit 24 cm Durchmesser einfetten und mit Mehl bestäuben. Eier in einer Schüssel mit dem Handrührgerät 5 Minuten schaumig rühren, Zucker und Orangenschale zufügen und weitere 15 Mi-

nuten rühren, bis die Mischung reißend von den Rührbesen fällt. Mehl unterheben, Teig in die Form geben und 25 Minuten backen; er ist gar, wenn an einem in die Mitte gesteckten Holzstäbchen beim Herausziehen nichts haftet. Abkühlen lassen und aus der Form nehmen.

Backform mit 24 cm Durchmesser mit Klarsichtfolie ausschlagen. Marzipan mit Puderzucker bestäuben und ca. 3 mm dick ausrollen. In Streifen schneiden und Rand der Form mit diesen auskleiden (Enden der Streifen etwas überlappen lassen). Fest gegen die Form drücken, damit eine glatte Oberfläche entsteht.

SIRUP: Zucker und Wasser in einem Topf bei mittlerer Hitze zum Kochen bringen, vom Herd nehmen, abkühlen lassen und Grand Marnier unterrühren.

Kuchen mit einem Brotmesser waagrecht in 1 cm dicke Schichten schneiden, eine Schicht auf den Boden der Form legen und mit 4–5 EL Sirup tränken. Eine Schicht Ricottacreme gleichmäßig darüber verteilen, mit der nächsten Kuchenschicht bedecken und so weiter, bis alle Schichten verbraucht sind. Mit Klarsichtfolie zudecken und mindestens 1 Stunde kalt stellen.

Klarsichtfolie entfernen und Cassata auf einen Teller stürzen.

GLASUR: 150 g Puderzucker in eine Schüssel geben. Die Hälfte des Zitronensafts und das Zitronenaroma gründlich unterrühren, damit sich keine Klümpchen bilden. Restlichen Puderzucker und Zitronensaft einarbeiten, bis eine glatte Paste entsteht. Cassata damit bestreichen, dabei den Marzipanrand nicht verdecken. Mit kandierten Früchten dekorieren, 1–2 Stunden in den Kühlschrank stellen und servieren.

Ergibt 12 Stücke

Mustazzuoli

Pikantes Gebäck

Dieses Rezept ist einfach unverschämt gut! Ich habe lange gebraucht, um es aufzuspüren, aber es hat sich gelohnt, und ich bin stolz darauf, es in diesem Buch vorstellen zu können. Es ist ein schlagender Beweis dafür, dass Sizilien einst von den Arabern erobert wurde, und die kunstvollen kleinen Kuchen mit den auffälligen Mustern sorgen immer für Gesprächsstoff. Mustazzuoli wurden ursprünglich nur zu Ostern gebacken, sind aber heute dank des wachsenden Tourismus fast das ganze Jahr erhältlich.

Für den Teig

800 g Mehl, gesiebt

60 g Zucker

1 Prise Salz

5 EL kalte Butter, in kleine Stücke geschnitten

375 ml kaltes Wasser

Für die Füllung:

300 ml Honig

125 ml Wasser

200 g Zucker

150 g ganze Mandeln, blanchiert, abgezogen, geröstet und gemahlen

100 g Sesamkörner, geröstet

2 ½ EL Butter

2 TL unbehandelte abgeriebene Zitronen-schale

250 g Instant-Kuskus

1 EL frische Minzblätter, gehackt

3 Tropfen Vanillearoma

½ TL Zimt

Puderzucker zum Bestäuben

TEIG: Mehl, Zucker und Salz in einer Schüssel mischen, Butter mit den Fingern unterreiben, bis eine bröselige Mischung entsteht. Eine Mulde in die Mitte drücken. Wasser nach und nach hineingeben und alles zu einem Teig verarbeiten; dabei nicht zu lange rühren. Schüssel mit Klarsichtfolie zudecken und 1 Stunde kalt stellen.

FÜLLUNG: Honig, Wasser, Zucker, Mandeln, Sesamkörner, Butter und Zitronenschale in einem Topf bei mittlerer Hitze zum Kochen bringen. Kuskus unterrühren. Topf zudecken, von der Hitze nehmen und 2–3 Minuten ruhen lassen. Dann Minze, Vanillearoma und Zimt zufügen. Mischung auf ein Backblech gießen und 10–15 Minuten abkühlen lassen.

Sobald sich die Mischung verarbeiten lässt, zu einer langen, etwa 1 cm dicken Rolle formen. Teig zu einem langen, 6–7 cm breiten und 3 mm dicken Rechteck ausrollen. Füllung auf den Teig legen. Teig darüber schlagen. Ränder zusammendrücken und die gefüllte Teigrolle zu einem 1 cm dicken Strang ausrollen.

Backofen auf 180 °C vorheizen.

Teigstrang in etwa 12 cm lange Stücke schneiden und diese zu Kringeln formen. Kringel mit einem scharfen Messer mehrfach leicht einritzen. (Nicht zu tief einschneiden, da die Kringel an dieser Stelle beim Backen aufplatzen. In Sizilien verziert man die Oberfläche mit kunstvollen Einkerbungen.) Backblech mit Backpapier auslegen, Kringel auf das Blech setzen und 15 Minuten backen. Abkühlen lassen und mit Puderzucker bestäuben.

Ergibt etwa 48 Stück

Hühnerbrühe

Knochen und Hühnerklein von 4 Hühnern,
    Haut und überschüssiges Fett entfernt

1 Selleriestange

1 kleine Zwiebel, geschält und geviertelt

1 Knoblauchzehe, geschält

1 kleine Möhre, in 4 Stücke geschnitten

1 Lorbeerblatt

1 Zweig frischer Thymian

¼ TL schwarze Pfefferkörner

Alle Zutaten in einen Suppentopf geben und genügend Wasser zugießen, um alles zu bedecken (ca. 3 Liter). Bei starker Hitze zum Kochen bringen. Temperatur reduzieren und 30 Minuten köcheln lassen; dabei den Schaum gelegentlich abschöpfen. Durch ein Haarsieb gießen und auf Zimmertemperatur abkühlen lassen. Brühe bis zum Verbrauch im Kühlschrank aufbewahren. Sie können sie aber auch in Gefriergefäße oder Eiswürfelbehälter füllen und bis zu 3 Monaten einfrieren.

Ergibt etwa 2 Liter Hühnerbrühe

Balsamella

Béchamelsauce

Für diese cremige, helle Sauce wird eine Mehlschwitze mit Milch aufgegossen. In der italienischen Küche wird sie häufig für Aufläufe verwendet, insbesondere für Lasagne.

50 g Butter

4 EL Mehl

875 ml Milch

Salz und frisch gemahlener schwarzer
    Pfeffer

Butter bei schwacher Hitze in einem Topf zerlassen. Sobald sie aufschäumt, Mehl zufügen und unter ständigem Rühren 2–3 Minuten kochen, bis das ganze Mehl mit der Butter verbunden ist. Inzwischen Milch in einem zweiten Topf bei mittlerer Hitze zum Kochen bringen und unter ständigem Rühren nach und nach zur Mehlschwitze gießen. Mit Salz und Pfeffer würzen und weitere 10 Minuten bei schwacher Hitze köcheln lassen, bis die Sauce sämig ist. Topf vom Herd nehmen. Sauce mit gebuttertem Pergamentpapier zudecken, damit sich keine Haut bildet, und im Wasserbad bis zur weiteren Verwendung warm halten.

Ergibt etwa 1 Liter Sauce

Marinarasauce

Wenn Sie diese Sauce im Voraus zubereiten, sollten Sie darauf achten, dass sie vollständig abgekühlt ist, bevor Sie sie kalt stellen oder einfrieren. Im Kühlschrank hält sie bis zu 4 Tagen, tiefgekühlt bis zu 3 Monaten.

60 ml Olivenöl *(extra vergine)*

4 Knoblauchzehen, geschält und gehackt

1 Prise zerstoßene, getrocknete Chilischoten

1,5 kg Eiertomaten, geschält, entkernt und in Würfel geschnitten

½ EL Salz

¼ TL frisch gemahlener schwarzer Pfeffer

3 EL Basilikumblätter, gehackt

Öl in einem Topf bei mittlerer Temperatur erhitzen und Knoblauch braten, bis er goldbraun ist. Chili zufügen und 1 Minute mitbraten. Tomaten unterrühren, mit Salz und Pfeffer abschmecken und bei schwacher Hitze im nicht ganz geschlossenen Topf 25 Minuten köcheln lassen. Gegen Ende der Kochzeit Basilikum unterrühren.

Für 4 Personen

Fuoco

Chilisauce

Fuoco zählt in Sizilien zu den Grundsaucen. Die angegebenen Zutaten reichen für eine ganze Menge, aber in Gläser gefüllt hält sich die Sauce mindestens 1 Jahr. Sie können sie statt Tabasco oder anderer scharfer Saucen verwenden, um Ihren Gerichten eine feurige Note zu verleihen. Und wenn Sie sie erst einmal probiert haben, werden Sie nie wieder zu Fertigsaucen greifen.

Übrigens ist *fuoco* das italienische Wort für Feuer.

3 kg vollreife Tomaten, geschält, entkernt und grob gehackt

Zucker

Salz

500 g Chilischoten (am besten die lange, dünne, leicht gebogene Sorte), geputzt

500 g Kapern, gründlich gespült

4 Knoblauchzehen, geschält

50 g Basilikumblätter, gewaschen

2 EL Salz

750 ml Olivenöl *(extra vergine)*

Tomaten in einen Durchschlag legen, großzügig mit Zucker und Salz zu gleichen Teilen bestreuen und 2 Stunden abtropfen lassen.

Chilischoten, Kapern, Knoblauch, Basilikum und 2 Esslöffel Salz mit Tomaten und Öl in der Küchenmaschine pürieren. Übersteigen die angegebenen Mengen das Fassungsvermögen Ihres Geräts, alles portionsweise verarbeiten und zum Schluss zusammenrühren. Sauce in Gläser füllen, kalt stellen und bis zum Verbrauch mindestens 2 Tage ziehen lassen.

Ergibt etwa 10 Gläser à 250 ml

Crema di Ricotta

Ricottacreme

450 g Ricotta

100 g feiner Zucker

½ TL Salz

100 g Schokotröpfen nach Belieben

Ricotta in einem Seihtuch oder einer großen Filtertüte in einen Durchschlag legen und mehrere Stunden bei Zimmertemperatur (oder über Nacht im Kühlschrank) abtropfen lassen.

Ricotta in einer Schüssel mit dem Schneebesen schlagen, bis er leicht und locker ist. Zucker und Salz unter ständigem Rühren zufügen und nach Belieben Schokoladensplitter unterrühren. Creme zudecken und bis zur Verwendung beiseite stellen.

Ergibt etwa 500 g Creme

Konditorcreme

2 Eigelb

100 g Zucker

50 g Mehl

1 Prise Salz

250 ml Milch

5 Tropfen Vanillearoma

Eigelb und Zucker in einer Schüssel cremig schlagen, Mehl und Salz unterrühren und beiseite stellen.

Milch in einem Topf bei schwacher Hitze zum Kochen bringen, Vanillearoma unterrühren und Topf vom Herd nehmen.

Heiße Milch unter ständigem Rühren nach und nach zur Eigelbmischung geben. Creme in den Topf gießen und unter ständigem Rühren etwa 5 Minuten aufkochen, bis sie sämig wird. In eine Schüssel füllen, mit Klarsichtfolie zudecken, auf Zimmertemperatur abkühlen lassen und bis zum Verbrauchen in den Kühlschrank stellen.

Ergibt etwa 250 ml Creme

Pane di Casa

Bauernbrot

Für den Vorteig

2 Päckchen Trockenhefe

125 ml warmes Wasser

100 g + 1 EL Mehl

Für den Teig

1 kg Mehl

450 ml lauwarmes Wasser

1 Prise Salz

VORTEIG: Hefe im Wasser auflösen und mit einem Holzlöffel sorgfältig verrühren.

100 g Mehl in eine große Schüssel geben und Hefe mit einem Holzlöffel unterrühren, bis eine glatte Paste entsteht. Mit 1 Esslöffel Mehl bestreuen, Schüssel mit einem Tuch zudecken und an einem warmen Ort 1 Stunde gehen lassen, bis sich das Volumen etwa verdoppelt hat.

TEIG: Mehl auf die Arbeitsfläche häufen, eine Mulde in die Mitte drücken und Vorteig hineingeben. Salz und 125 ml Wasser zufügen und alle Zutaten mit einem Holzlöffel verrühren; dabei restliches Wasser nach und nach zugießen. Teig von Hand auf der Arbeitsfläche etwa 15 Minuten kneten, bis er weich und elastisch ist. Dann zu einer glatten Kugel oder einem länglichen Laib formen, mit einem Tuch zudecken und an einem warmen Ort 1 Stunde gehen lassen, bis sich das Volumen etwa verdoppelt hat.

Backofen auf 200 °C vorheizen.

Teig auf ein Backblech legen und 55 Minuten backen. Brot aus dem Ofen nehmen, mit der Seite auf ein Holzbrett legen und mindestens 2 Stunden abkühlen lassen. (Das Brot darf nicht flach auf dem Brett liegen.)

Ergibt 1 Brot

Pasta per Pizza

Pizzateig

½ TL Trockenhefe
½ TL Zucker
180 ml warmes Wasser
600 g Mehl
1 TL Salz
1 EL Olivenöl *(extra vergine)*

Hefe, Zucker und Wasser miteinander verrühren und an einem warmen Ort 5 Minuten ruhen lassen.

In der Zwischenzeit Mehl und Salz in einer zweiten Schüssel mischen, eine Mulde in die Mitte drücken und das Öl in die Vertiefung geben. Hefemischung langsam zufügen und Mehl mit einem Holzlöffel nach und nach vom Rand her unterrühren, bis ein glatter Teig entsteht.

Teig auf der bemehlten Arbeitsfläche 6–8 Minuten kneten, in eine bemehlte Schüssel legen, mit einem feuchten Tuch zudecken und an einem warmen Ort 1 Stunde gehen lassen, bis sich das Volumen etwa verdoppelt hat. Teig vor der Verwendung kurz durchkneten, zu einem Pizzaboden formen und entsprechend dem jeweiligen Pizzarezept belegen. In Klarsichtfolie gewickelt lässt sich der Teig einige Tage im Kühlschrank aufbewahren.

Ergibt 2 mittelgroße Pizzaböden
(35–40 cm Durchmesser)

Focaccia

Dieses typisch italienische Fladenbrot ist nicht nur sehr beliebt, sondern auch außerordentlich vielseitig verwendbar. Sie können den Teig mit verschiedenen Zutat anreichern oder belegen: Oliven, Zwiebeln, frischen oder getrockneten Kräutern (insbesondere Rosmarin), geriebenem Käse, Tomaten oder Rauchfleisch. Focaccia passt hervorragend zu den meisten italienischen Gerichten (um die Sauce aufzutunken); man kann sie aber auch für Sandwiches verwenden oder einfach mit einem erstklassigen Olivenöl reichen.

1 EL Trockenhefe

625 ml warmes Wasser

125 ml Olivenöl *(extra vergine)*

1 EL Salz

1,6 kg Mehl

2 TL grobes Meersalz

Hefe in 250 ml Wasser auflösen und an einem warmen Ort 5 Minuten quellen lassen. Restliches Wasser, 60 ml Olivenöl und Salz zufügen und Mehl nach und nach unterrühren, bis ein glatter Teig entsteht. 5–6 Minuten durchkneten, bis er weich und elastisch ist. Dann in eine leicht geölte Schüssel geben, mit Klarsichtfolie zudecken und an einem warmen Ort 1 Stunde gehen lassen, bis sich das Volumen etwa verdoppelt hat.

Teig halbieren und zu zwei 25 cm großen Teigkreisen ausrollen, mit restlichem Öl beträufeln und zugedeckt an einem warmen Ort weitere 40 Minuten gehen lassen.

Backofen auf 250 °C vorheizen.

Focaccia mit Meersalz bestreuen und 15 Minuten backen, bis sie goldbraun ist. Noch warm servieren oder abkühlen lassen und einfrieren.

Ergibt 2 Brote

Pesto alla Palermitana

Antonio Giannusa ist einer der unternehmungs-
lustigsten Verkäufer auf dem Vucciria-Markt in
Palermo. An seinem farbenfrohen Stand bietet
er scharfe Chilischoten, Oliven und allerlei eingelegte Köstlichkeiten an, die er selbst zubereitet. Aber sein ganzer Stolz ist sein *pesto alla
palermitana*, das mit dem klassischen Genueser
Pesto aus Basilikum, Pinienkernen, Knoblauch,
Olivenöl und Parmesan nur wenig gemein hat.

Hier meine Variante seines Rezepts. Sie ist
sehr scharf, aber Sie können natürlich weniger
Chili nehmen. Bedenken Sie dabei: Man kann
immer etwas zufügen, aber nichts entfernen.

Pflanzenöl

**2 EL Kapern, gespült, abgetropft und grob
gehackt**

**4–5 Selleriestangen, in 1 cm große Stücke
geschnitten**

100 g Tomatenmark

100 g marinierte Auberginen (siehe Hinweis)

2 EL zerstoßene, getrocknete Chilischoten

**2 EL frische Chilischoten, fein gehackt
(siehe Hinweis)**

50 g Fenchelsamen (siehe Hinweis)

1 EL Minzblätter, gehackt

2 ½ TL Oreganoblätter, gehackt

2 EL Rosinen, gehackt

1 ½ EL Pinienkerne

Etwas Öl in ein Einmachglas (1 Liter Fassungsvermögen) geben, restliche Zutaten bis auf
Oregano, Rosinen und Pinienkerne zufügen und
gründlich verrühren. Mit Öl bedecken, Glas verschließen und im Kühlschrank 4–5 Tage ziehen
lassen. Restliche Zutaten unterrühren und Pesto
als Gewürz oder Pastasauce servieren. Ange-
brochenes Glas im Kühlschrank aufbewahren.

Ergibt etwa 500 g Pesto

Hinweis: Marinierte Auberginen bekommen Sie
in italienischen Feinkostgeschäften.

Nehmen Sie für dieses Rezept am besten die
langen, dünnen, leicht gebogenen Chilischoten.
Falls Sie andere verwenden, bedenken Sie, dass
die Schärfe je nach Sorte variiert.

Fenchelsamen können nach Belieben im
Mörser zerstoßen werden. Obwohl sie nach einigen Tagen Marinierzeit weich werden, ziehen
manche es vor, sie zu zerkleinern, da das Pesto
sonst etwas grobkörnig ausfällt.

Viele Menschen haben mir geholfen und dazu beigetragen, dass dieses Buch entstehen konnte.

Zunächst möchte ich zwei meiner besten Freunde danken: Marco Colantonio, der mir stets Mut zusprach, wenn ich nicht mehr weiterwusste, und Pat Burdo, der mir wie ein zweiter Vater war.

Falls Sie schon meine Bücher kennen oder mich im Fernsehen gesehen haben, wissen Sie, dass meine Großmutter, Mary Lazzarino, für mich eine Quelle der Inspiration ist. Sie ist die stärkste Persönlichkeit, die ich kenne, und hat vier Generationen meiner Familie klaglos großgezogen. Und natürlich darf ich Annette Lazzarino nicht vergessen, meine Tante, die für mich eher wie eine Schwester ist.

Jeanne Wilensky ist nicht nur seit Jahren meine PR-Managerin, sondern auch Freundin, Beraterin und Helferin in allen Lebenslagen. Mit einer Idee für ein neues Projekt gehe ich zuerst zu ihr. Jeanne hat sich noch nie geirrt – sie ist eine ganz besondere Frau, die meine Karriere enorm gefördert hat.

Anna Nurse ist stets eine enge Freundin, Lehrerin, Mentorin und eine wunderbare Stütze gewesen, sowohl bei meinem ersten Buch als auch bei diesem. Ständig bereit, ihr Wissen und ihre Erfahrung zu teilen, zählt Anna zu den gütigen und großzügigen Menschen, die die Welt freundlicher erscheinen lassen.

Ein Dank richtet sich auch an den engen Kreis der Menschen, mit denen ich seit meinem ersten Buch und dem Beginn meiner Fernsehsendungen zusammenarbeite: Roger Vergnes von Copperplate Press ist mein Agent und besitzt ein erstaunliches Talent für die Realisierung von Projekten – was wirklich nicht immer einfach ist. David Gibbons hat mir auch diesmal bei der Recherche geholfen und meine Texte korrigiert – und bei beidem viel Geduld bewiesen. Maura McEvoy ist für die wunderbaren Farbfotos verantwortlich. Und nicht zuletzt möchte ich meinem Producer Jim Lautz danken: Es war sicher nicht einfach für ihn, mich ständig zu ertragen, aber seine positive Einstellung verblüfft mich immer wieder.

Ein besonderer Dank geht an John Profaci, Sr. und alle anderen Mitarbeitern von Colavita. Sie haben mich seit Beginn des Projekts unterstützt, und ich bin stolz, mit ihnen zusammenarbeiten zu dürfen.

Ich danke auch den Mitarbeitern des Originalverlages. Sie sind einfach großartig. Vielen Dank vor allem Peter Workman, Ann Bramson, Deborah Weiss Geline, Tricia Boczkowski, Alex Maldonado, Dania Davey, Liz Hermann und Nancy Murray.

Ohne die Mitarbeiter und Lieferanten meines Restaurants hätte ich es nie bis hierhin geschafft. Meinen herzlichen Dank ihnen allen, besonders Carlos Olivar, einem äußerst talentierten Mann, dem ich niemals genug danken kann.

Einige besonders liebe und enge Freunde haben mich enorm unterstützt, unter ihnen Frank Castellana von Western Beef, ein großartiger Mensch und einer der sachkundigsten Metzger, die man sich vorstellen kann; Al Bassano von Bloomberg und seine Cousins Raffaele und Mario in Salerno; Luigi und Tina DiRosa von Alba's Pastry Shop in Brooklyn; Mark Bussio von Salumeria Biellese mit den besten Schweinefleischprodukten; Joe Generoso und alle Mitarbeiter der Royal Crown Bakery in Brooklyn sowie John Burdo von John's Market mit dem besten Obst und Gemüse.

Zum Schluss danke ich den vielen Menschen, die mir bei den Recherchen für dieses Buch geholfen haben: Antonio Giannusa in Palermo, Pater Ronald Marino und Anna Marie Antico von Regina Pacis, Mark Tosi und Tom White von Pastene sowie Pasquale Esposito, Ignazio Romano und allen anderen Fischern im Hafen von Marina di Puolo.